Dagmar Stará
Zinnmarken aus aller Welt

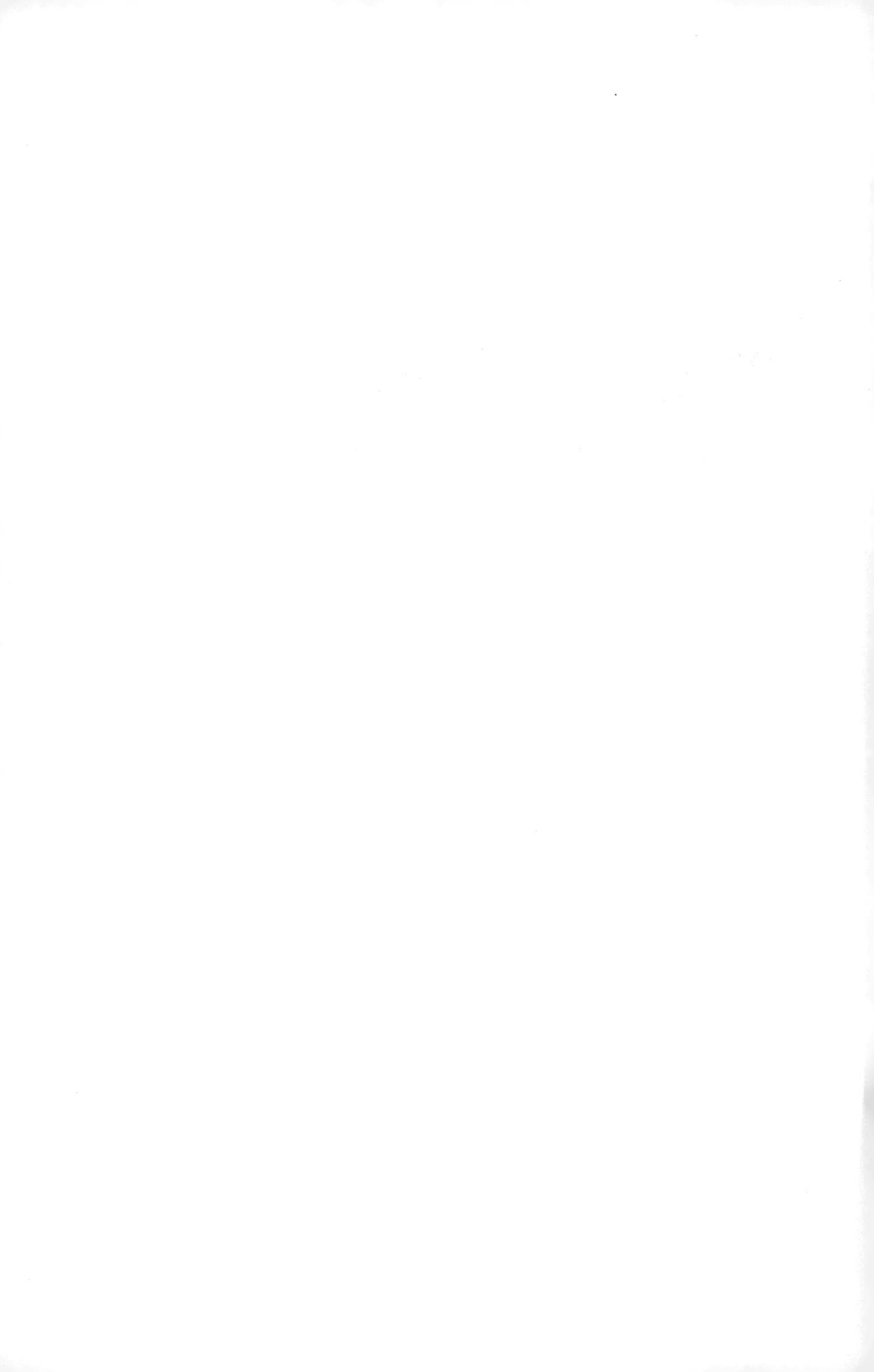

Dagmar Stará

Zinnmarken aus aller Welt

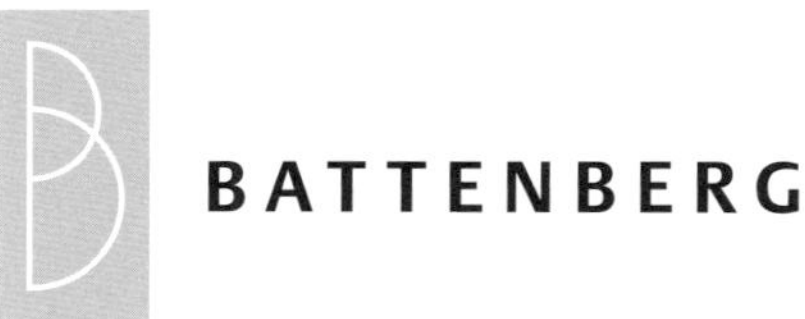

Bibliografische Information der Deutschen Bibliothek

Die Deutsche Bibliothek verzeichnet diese Publikation in der Deutschen Nationalbibliografie; detaillierte bibliografische Daten sind im Internet über http://dnb.ddb.de abrufbar.

ISBN 978-3-86646-091-1

4. Auflage 2012

(www.gietl-verlag.de)

ISBN 978-3-86646-091-1

Inhalt

Einleitung

Zinn gehört wohl zu den ältesten bekannten Metallen. Schon in der Urzeit war Zinn bekannt als Bestandteil einer Legierung, die einer ganzen prähistorischen Epoche den Namen gab, nämlich der Bronzezeit. Allerdings waren Erzeugnisse aus reinem Zinn im Altertum sehr selten. Der Preis für Zinn war ziemlich hoch, vielfach überstieg er sogar den Preis von Silber. Dadurch lässt sich wahrscheinlich auch erklären, dass die ältesten in Europa gefundenen, aus Zinn gefertigten Stücke zwei Armbänder aus Thermi an der Insel Lesbos aus der Zeit um 2000 v.Chr. stammen.

Zinn ist ein hellgrau bis silbrig schimmerndes Metall. Als chemisches Element – Zeichen Sn = Stannum – mit dem spezifischen Gewicht von 7,3 und dem Atomgewicht 118,7 kommt es niemals in reiner Form, sondern immer in Verbindung mit anderen Erzen vor. Es wird aus dem Zinnstein, dem sogenannten Kasserit (SnO_2) gewonnen und findet sich als Bergzinn im Untertagebau ebenso wie als Zinngraupen in oberirdischen Geröllen.

In komplizierten und langwierigen Verfahren gepocht, das heißt in einem Pochwerk zerstoßen, geröstet, geschlämmt, geläutert und schließlich in Bleche oder Stangen gegossen, wird Zinn von allen Beimengungen gereinigt. Der Mensch entdeckte die speziellen Besonderheiten: Zinn hat einen sehr niedrigen Schmelzpunkt von 232°C. Damit liegt das Metall unter den Schmelzpunkten von Wismut (271°C), Kadmium (321°C), Blei (327°C) und Antimon (631°C) und weit unter denen der Edelmetalle. Es hat bei großer Dehnbarkeit eine geringe Härte, lässt sich schlagen, walzen und gießen und ist gegen atmosphärische oder chemische Einflüsse weitgehend unempfindlich. So lässt sich leicht erklären, warum Zinn zu einem beliebten Ausgangsmaterial verschiedenster Produktionen werden konnte.

Bis zum heutigen Tag lassen sich die ältesten Zinnfundorte nicht genau feststellen. Zwar gibt es keine verlässlichen Quellen, doch es lässt sich eine frühzeitliche Zinneinfuhr aus Indien, Persien und anderen asiatischen Gebieten vermuten. Im englischen Cornwall gab es sehr reiche Zinnfunde von wo aus phönizische Seefahrer die Bodenschätze in Häfen am Mittelmeer verbrachten und von dort sich ihr Weg in weitere Länder fortsetzte. Eine bedeutsame Rolle spielten im 13. Jahrhundert – insbesondere für Mitteleuropa – die Zinnfunde in Böhmen und Sachsen.

Die Zinngießerei war ursprünglich ein mittelalterliches Handwerk. Zinngießer, lat. Stannifusores, oftmals auch Kannengießer, lat. Cantrifusores, genannt, hatten sich in den Städten niedergelassen, von den britischen Inseln über West-, Nord- nach Mitteleuropa. Im Osten waren die Zinngießer, wie man mittlerweile weiß, bis nach Petersburg und Moskau verbreitet. In den südlichen Ländern hingegen war das Handwerk nur selten vertreten.

Die Zinngießerwerkstatt war mit Schmelzofen und Schmelzkessel ausgestattet. Weiter gab es dort verschiedene Gussformen für abgegossene Erzeugnisse oder deren Einzelteile, Schöpflöffel, Gießlöffel, eine Gießbank, eine Drehlade für die Bearbeitung der Oberflächen und weitere Werkzeuge wie Hammer in mannigfacher Größe, hölzerne Schlögel, Zangen, Feilen, Meißel, Punzel, Gravierstichel, Poliersteine, usw.

Mittelalterliche Gebrauchsgegenstände aus Zinn sind nur noch selten erhalten. Die Möglichkeit aus alten, abgenutzten Zinnerzeugnissen neue zu gießen und nur für die Arbeit des Handwerkers bezahlen zu müssen, war immer zu verlockend. Ein relativ genaues Bild der damaligen Zinnbearbeitung aus der Zeit um 1100 liefert ein einzigartiger Beleg des Benediktinermönches Theophilus Presbyter. In einem Kapitel seiner „Schedula diversarum artium“ (Lehre von den verschiedenen Künsten) beschreibt er den Guss aus verlorener Form von Zinngefäßen in allen Einzelheiten. Dieses Verfahren hatte allerdings viele Nachteile, weil es sehr mühsam war und die Gießform nur einmalig verwendet werden konnte. Später wurden geteilte Formen benutzt und die einzelnen Gussstücke danach zusammengelötet. Diese Methode sowie auch die oberflächige Bearbeitung einer Kanne an der Drehmaschine mit der Handauflage zeigen zwei Abbildungen im „Hausbuch der Mendelschen Zwölfbrüderstiftung zu Nürnberg“ aus den Jahren 1425 bis 1436. Erst ab dem 18. Jahrhundert werden die erhalten gebliebenen Zinngegenstände häufiger. Ein ausführliches Bild der Zinngießerarbeit und Ausstattung der Werkstätten zu dieser Zeit können wir schon in den damals herausgegebenen enzyklopädischen Werken finden, z. B. in Joh. Samuel Hallens „Werkstätte der heutigen Künste“, Brandenburg und Leipzig 1761.

Aufgrund der Beschaffenheit des Zinns, sprich seiner Spröde und Zerbrechlichkeit, kann er nie alleine bearbeitet werden, sondern immer nur in Legierungen mit kleineren Mengen anderer Metalle, welche die vorteilhaften Eigenschaften jeweils begünstigen. Diese Legierungen nannte man der Einfachheit halber ebenfalls Zinn. In den meisten europäischen Sprachen unterscheidet man diese zwei Begriffe – Zinn, das Element, und die Zinnlegierung – nicht, z. B. Deutsch = Zinn, Französisch = l'étain, Russisch = olovo, Italienisch = peltro, Polnisch = cyna, Schwedisch = tenn, usw. Nur in der englischen Sprache nennt man das Element Zinn tin, aber die Zinnlegierung zur Bearbeitung pewter. Unter den Legierungselementen fiel neben Wismut, Kadmium und Antimon dem Blei die Hauptrolle zu. Das Blei hat eine ähnliche Farbe, relativ ähnliche Geschmeidigkeit und den nur knapp 100°C höheren Schmelzpunkt. Dass das Blei erheblich billiger zu beschaffen war als das reine Zinn, kam noch erfreulicherweise hinzu.

Möglich ist, dass die Gefahr von Bleivergiftungen durch das Tischgeschirr oder durch Aufbewahrungsgegenstände von Nahrungsmitteln bekannt wurde, möglich ist aber auch, dass unseriöse Zinngießer sich Profit davon versprachen, indem sie der Legierung zu wenig teuren Zinn, dafür mehr billiges Blei untermischten. Auf jeden Fall sahen sich Zünfte und Städte gezwungen, zum Schutz der Verbraucher verbindliche Vorschriften zu erlassen. Die Zunftordnungen verliefen für die Zinnwerkstätten ähnlich wie die der Gold- und Silberschmiede. Betrügerische Manipulationen wurden durch Kontrollen erschwert.

Als Garantie für die durchgeführten Kontrollen wurden die entsprechenden Marken in die Zinngegenstände eingestempelt. Die sogenannte *Städtemarke* garantierte die durchgeführte „Beschau." Meist zeigte sie das Bild des vereinfachten Stadtwappens oder auch einen Teil desselben, manchmal auch ein anderes örtliches Symbol. Angeführte Jahreszahlen verweisen auf bestimmte Datierungen, die die Zunftordnungen oder den Meister ausweisen. Als zweite Markierung wurde die *Meistermarke* angebracht. Sie wies den Hersteller des Stücks aus. Seine Initialen oder auch sein voller Name, auch oft ein selbstgewähltes Motiv konnten dafür verwendet werden. Eine in dieser Marke angeführte Jahreszahl galt zumeist dem Jahr des Freispruchs als Meister. Oft fällt dieses Datum mit der Aufnahme in die Bürgerschaft der betreffenden Stadt zusammen. Starb der Meister und die Witwe führte in seinem Namen die Werkstatt fort, so wurde der Marke ein bestimmtes Zusatzzeichen gegeben. Vom 18. Jahrhundert haben die Meister in manchen Gebieten (Ländern) die nötigen Angaben nur in einer Marke vereinigt.

Bis etwa zum 15. Jahrhundert genügte die Anbringung der Stadtmarke, um die Qualität des Stückes auszuweisen. Spätestens im 16. Jahrhundert forderten die Zünfte die zusätzliche Anbringung der Meistermarke, der zu Beginn des 17. Jahrhunderts eine dritte Markierung folgte: die *Qualitätsmarke*. Sie wies den Herkunftsort des Zinns nach, zeigte die Rose, eine Krone oder Ähnliches. Feinzinn wurde seit Beginn des 18. Jahrhunderts mit einer besonderen Gerechtigkeitsmarke markiert. Zinn ohne oder mit nur geringem Bleiversatz erhielt das Sonderzeichen X oder andere Initialen, die in den Ländern variierten. Im Text zu den folgenden Angaben wird jeweils auf das in dem betreffenden Staat übliche Zeichen hingewiesen.

Außerdem entdecken wir auf Zinngegenständen auch manchmal *Besitzermarken*, dekorativ fachmännisch ausgeführt oder von Laienhand gemacht. Damit wollten sie – die Besitzer – ihr Eigentum gegen Diebstahl oder Verwechslung schützen. Diese Besitzermarken werden oft irrtümlich als Zinnmarken angesehen. Sie sind graviert, geätzt, aber auch stempelähnlich eingeschlagen.

In Großbritannien wurde um die Mitte des 18. Jahrhunderts eine ganz spezielle Legierung eingeführt, die als Britannia-Metall bekannt ist. Sie enthielt 85,6% Zinn, 10,4% Antimon, 3% Zink und 1% Kupfer. Sie war außerordentlich widerstandsfähig und erfreute sich großer Beliebtheit. Auf Blei wurde in dieser Komposition verzichtet. Aufgrund seiner Härte ließ es sich maschinell, also bereits industriell, verarbeiten, was die Produktionen gegenüber den handwerklichen Techniken des Schlagens, Walzens, Treibens und Gießens wesentlich veränderte. Doch gehört dieses schon zu einem anderen Kapitel und nicht mehr zum klassischen Zinngießerhandwerk.

Ratschläge für die Handhabung dieses Buches

Suchen Sie sich zuerst die Marke heraus, die auf dem von Ihnen zu identifizierenden Zinngegenstand am deutlichsten erkennbar ist. Bestimmen Sie das Motiv, welches optisch das hervorstechendste Merkmal des Zeichens bildet, und suchen Sie es unter den abgebildeten Zeichen. Sollten Sie über die Darstellung in der Marke im Unklaren bleiben, versuchen Sie es bei optisch ähnlichen Motiven. Dabei ist zu berücksichtigen, dass Marken einander sehr ähnlich und oft nur durch kleine Details voneinander zu unterscheiden sind. Diese Unterschiede können Ihnen entgehen, denn viele Zeichen sind heute nur noch schwer zu entziffern. Überdies können manche Marken gleichzeitig mehrere Motive oder Begriffe darstellen. Es ist daher notwendig, bei der Bestimmung alle Motive der Zeichen einzeln und aufmerksam zu prüfen. Wenn Sie die Marke nach der Vorlage im Buch gefunden haben, suchen Sie auf die gleiche Art die weiteren, auf Ihrem Gegenstand vorhandenen Zeichen und vergleichen Sie, ob sie miteinander übereinstimmen. Der Marke des Meisters X aus der Stadt A muss die Marke der Stadt A entsprechen u. Ä. Ferner müssen Sie sich mit der Art der Marken der Zinngießer in dem betreffenden Land vertraut machen. Eine Übersicht über die Marken der Zinngießer sowie die charakteristischen Eigenheiten der einzelnen Länder werden ab Seite 12 angeführt.

Falls Sie ein Zeichen nicht eindeutig identifizieren können oder nur ein der auf Ihrem Gegenstand befindlichen Marke sehr ähnliches finden, studieren Sie die Marken und Arten der Signaturen des Landes, bei dem Sie ähnliche Markierungen festgestellt haben. Im Text zu den einzelnen Ländern ist, sofern vorhanden, die grundlegende Fachliteratur zu dieser Problematik angeführt bzw. es wird auf weitere Spezialwerke hingewiesen.

In den Legenden zu den Meistermarken sind die Tauf- und Familiennamen der Meister in der Fassung angeführt, wie sie in der Fachliteratur verwendet werden. Die Bezeichnung der Städte in den erklärenden Texten bei der Abbildung der Stadtmarken erfolgt in ihrer heute geltenden nationalen Form mit der entsprechenden deutschen Angabe, im Register finden Sie Hinweise auf die historischen oder in der Fachliteratur gebräuchlichen Namen. Vor der Zusammenfassung der Marken wird in einer kurzen Einführung ein Überblick über die Entwicklung und die charakteristischen Eigenschaften der Zeichen in jenen Ländern gegeben, deren Zinngießer-Signaturen in dieses Buch aufgenommen wurden. Die Auswahl der Marken erfolgte so, dass der Leser sich möglichst leicht orientieren kann. Aus diesem Grund wurden, sofern es die bisherigen Kenntnisse in diesem Bereich erlaubten, die für die Bestimmung des Ortes und des Landes wichtigen Städtewappen aufgenommen. Die Auswahl der Meistermarken musste wegen ihrer großen Anzahl beschränkt werden. Ältere und jüngere Marken wurden nur vergleichsweise aufgenommen. Die Zeichen amerikanischer Erzeuger, die Gegenstände aus Britannia-Metall herstellten, wurden überwiegend nur im Text erwähnt, so dass sich ihre Wiedergabe erübrigt. Das Verzeichnis dieser Produzenten, der Ort und die Zeit ihrer Tätigkeit werden in folgendem Werk aufgeführt: Laughlin, L.J.: Pewter in America, Bd. 2, S. 95 ff. und Bd. 3, S. 174 ff, Barre, Mass 1971.

Der Katalog der Marken geht von der Voraussetzung aus, dass der Leser keine Fachkenntnisse über Zinngießer und ihre Zeichen hat. Bei der Zusammenstellung der Reihenfolge wurde darauf geachtet, dass die Abbildung in der Marke gleichzeitig den Schlüssel zu ihrer Identifizierung darstellt. Bei der Reihung wurde jedoch keine Rücksicht darauf genommen, ob es sich um eine Stadt-, Meister- oder Qualitätsmarke handelt. In den Legenden zu den Abbildungen der Marken wurden der oder die Familien- und Vornamen des Zinngießers oder die Firmenbezeichnung angeführt, ferner das Jahr des Freispruchs des Meisters (M), eventuell der Aufnahme in die Bürgerschaft (B). Wo sich diese Zeit nicht feststellen lässt, wurden zur Orientierung das Geburtsjahr des Zinngießers (*) und möglichst auch das Todesjahr (+) angegeben. In manchen Fällen kann die Zeit der Tätigkeit eines Meisters nur annähernd bestimmt werden, so dass die Jahreszahl bzw. das Jahrhundert nicht näher gekennzeichnet sind.

Bei der Reihenfolge der Markenzeichen wurde folgendes Schema verwendet:

Buchstaben – nach dem Alphabet	(1 – 377)
Menschliche Figuren und deren Teile, einschließlich der allegorischen Figuren usw.:	(378 – 639)
Tiere	(640 – 934)
Vögel	(935 – 1101)
Pflanzen	(1102 – 1325)
Architektur	(1326 – 1432)
Himmelskörper und Symbole	(1433 – 1483)
Gegenstände	(1484 – 1752)
Wappen	(1753 – 1877)
Vereinigte Stadt- und Meisterzeichen	(1878 – 1947)
Orientalische Zeichen	(1948 – 1960)

Marken auf Zinngeräten in den einzelnen Ländern und Staaten

Böhmen und Mähren

Das erste Dokument über die Verpflichtung, bei der Herstellung von Zinngegenständen eine Legierung von 10 Teilen Zinn und 1 Teil Blei zu benutzen, stammt aus dem Jahre 1371 und wurde von Prager Meistern verfasst. Die Zunftordnung der Brünner Zinngießer aus dem Jahre 1378 enthält bereits Vorschriften über die verbindliche Verwendung von Marken für alle Zinnerzeugnisse und bestimmte gleichzeitig Strafen für die Nichteinhaltung dieser Verordnung.

Zu der ursprünglich angeführten Stadt- und Meistermarke kam im Laufe des 18. Jahrhunderts die Qualitätsmarke für das verwendete Zinn hinzu, die zwar seit dem 17. Jahrhundert hin und wieder benutzt worden war, doch erst durch ein 1770 von Maria Theresia erlassenes Dekret obligatorisch in alle Zinngegenstände eingeschlagen werden musste.

Die Verwendung der vorgeschriebenen 10 Teile Zinn und 1 Teil Blei wurde im 18. Jahrhundert häufig mit dem Zeichen PZ (Probezinn) hervorgehoben. Die Erzeugnisse aus Zinn von Slavkov wurden mit dem Zeichen SW (Schlaggenwalder Feinzinn) versehen, Zinn anderer Fundstätten in Böhmen nur mit „Feinzinn". Die aus bereits benutztem, mit Blei legiertem und umgegossenem Zinn hergestellten Gegenstände mussten ab 1770 obligatorisch als „Vermischtes Zinn" bezeichnet werden.

Literatur:

Bondy, K.: Das alte Zinngießerhandwerk in B. Leipa. In: Mitt. d. Nordböhm. Vereins f. Heimatforschung u. Wanderpflege 60, 1937, Nr. ½, 36-65.

Flodrová, M. / Samek, B.: Cín ve sbírkách muzea města Brna, Brno 1970 (Das Zinn der Sammlungen des Museums der Stadt Brünn).

Hintze, E.: Die deutschen Zinngießer und ihre Marken, Bd. 4, Leipzig 1926.

Hráský, J.: Pražští cínaři v 17. - 19. století, Praha 1988 (Die Prager Zinngießer im 17. - 19. Jahrhundert).

Indra, B.: Olomoučtí cínaři od poč.15. do osmdesátých let 19. století. In: Časopis Slezského muzea, B, 1982, 117-133, 254-281 (Die Olmützer Zinngießer vom Anfang des 15. Jahrhunderts bis in die 80er Jahre des 19. Jahrhunderts, Sonderdruck).

Indra, B.: Opavští cínaři od konce 15. stol. do osmdesátých let 19. století. In: Časopis Slezského muzea, B, 1883, 70-93 (Die Troppauer Zinngießer ab Ende des 15. Jahrhunderts bis in die 80er Jahre des 19. Jahrhunderts, Sonderdruck).

Stará, D.: Konvářské značky pražských mistru, Roztoky u Prahy 1974 (Marken der Zinngießermeister von Prag).

Stará, D.: Na okraj výstavy Cín ve sbírkách Muzea města Brna. In: Vlastivědný věstník moravský 41, 1989, 222-223 (Zu der Ausstellung Zinn in den Sammlungen des Museums der Stadt Brünn).

Tischer, F.: Böhmisches Zinn, Leipzig 1928, Osnabrück 1973.

China
Die ältesten Zinngegenstände chinesischer Herkunft sind urkundlich aus dem 18. Jahrhundert belegt, doch der überwiegende Teil stammt aus dem 19. und 20. Jahrhundert. Sie sind entweder mit chinesischen Zeichen oder mit lateinischen Buchstaben signiert.

Deutschland
Die ältesten Urkunden über die verbindliche Zeichnung von Zinnerzeugnissen stammen aus dem 14. und 15. Jahrhundert (Hamburg 1375, 1461). Der erste Bericht aus Nürnberg, dem bekanntesten deutschen Zinngießerzentrum, trägt das Datum 1578, doch dürften auf Zinnwaren bereits vor dieser Zeit Marken angebracht worden sein. Der „Nürnberger Probe", die häufig auch „Zum Zehnten" genannt wurde, entsprach eine Legierung von 10 Teilen Zinn und 1 Teil Blei. Zahlreiche weitere Zinngießer beriefen sich auf diese Legierung, die „Gemeine Reichsprobe". Diese Zinnlegierung war jedoch nicht die einzige auf deutschem Gebiet, was z. B. die „Cölner Probe" (6:1) beweist, die für Köln/Rhein, Mainz und das Land Hannover galt, sowie eine Reihe anderer Legierungen, die in einzelnen Gebieten nach örtlich bedingten Traditionen benutzt wurden. Zu den Marken der Stadt und des Meisters, die in Städten wie z. B. Augsburg und Nürnberg in einem Schild zu einer einzigen vereint waren, kam später die Qualitätsmarke hinzu. Die Legierung im Verhältnis 10 Teile Zinn und 1 Teil Blei wurde in Thüringen und einigen Städten Sachsens mit dem Symbol X gezeichnet. Reines, aber auch nach englischer Art gereinigtes Zinn und Feinzinn hatten eine Marke mit meist gekrönter Rose oder einer Engelfigur. Die gute Qualität einer Legierung wurde neben den üblichen Marken zusätzlich z. B. mit dem Landesstempel (Baden und Württemberg) gezeichnet. In anderen Gebieten wurde die Qualitätsmarke durch eine besondere Art ersetzt; in diesen Fällen wurden die Stadt- und die Meistermarken doppelt eingeschlagen. Dieses sog. Dreimarkensystem war seit 1614 in Sachsen üblich, ebenso in der Oberlausitz, in Lübeck, Rostock und Württemberg.

Die Zahlen 13, 74, 08 und 1708, die im Dreimarkensystem häufig vorkommen, verweisen auf die sächsische Herkunft des Erzeugnisse. In Sachsen erschien 1614 eine Verordnung über das Verhältnis der Metalle in einer Zinnlegierung und wurde in den Jahren 1674 und 1708 als verbindlich bestätigt.

Die Zahlen 79 und 33 bedeuten, dass ein Erzeugnis aus Lübeck stammt, wo 1579 und 1633 ähnliche Anordnungen erschienen, ebenso in Bayreuth 1689, in Regensburg 1692 und in Backnang 1749.

Literatur:
Aichele, F.: Zinn. Battenberg Antiquitäten-Katalog, Augsburg 1992.
Aichele, F. / Heger, W. / Weyhreter, D.: Giengener Zinngießer, Giengen a.d. Brenz 1987.
Aichele, F. / Mundorff, M. / Rueß, K.H.: Göppinger Zinn, Göppingen 1990.
Bauer, D.: Kirchliches Zinngerät aus dem Kreise Marburg, Marburg 1970.

Beckers, W.: Zinn im Alltag, Kempten 1984 (Katalog einer Wanderausstellung).
Freudenberg, E. zu / Mondfeld, W. zu: Altes Zinn aus Niederbayern, Bd. I-II, Regensburg 1982-1983.
Heinz, K.: Kulmbacher Daubenkrüge, Kulmbach 1990.
Hintze, E.: Die deutschen Zinngießer und ihre Marken, Bd. 1-7, Leipzig 1921-1931.
Kohlmann, Th.: Zinngießerhandwerk und Zinngerät in Oldenburg, Ostfriesland und Osnabrück (1600 – 1900), Göttingen 1972.
Nadolski, D.: Altes Gebrauchszinn, Leipzig 1983.
Pieper-Lippe, M.: Zinn im südlichen Westfalen, Münster 1974.
Pieper-Lippe, M.: Zinn im nördlichen Westfalen, Münster 1980.
Pieper-Lippe, M. / Husmann, K.-H.: Zinn in Westfalen, Münster 1988.
Reinheckel, G.: Nürnberger Zinn, Dresden 1971.
Reinheckel, G.: Sächsisches Zinn des 16. und 17. Jahrhunderts, Dresden 2002.
Wiswe, M.: Historische Zinngießerei im südlichen Niedersachsen, Braunschweig 1981.
Wittichen, M.: Celler Zinngießer, Celle 1967.

Estland, Lettland und Litauen

Auf Zinngegenständen aus den Werkstätten des Baltikums kann man ersehen, dass die Art der Markierung von der Qualität des verwendeten Zinns ausging. In Erzeugnisse aus Legierungen mit geringem Bleigehalt, hier als Meisterzinn bezeichnet, wurden drei Marken eingeschlagen: eine Stadtmarke und zwei Meistermarken. Erzeugnisse mit höherem Bleigehalt trugen nur zwei Marken: eine Stadt- und eine Meistermarke. Erzeugnisse aus englischem oder auf englische Art legiertem Zinn hatten zwei Marken: eine mit der Rose und eine des Meisters. Die Art der Markierung mit vier kleinen rechtwinkligen Schildchen dürfte dem Feingehaltstempel auf englischen Silberwaren entsprechen.

Literatur:
Gahlnbäck, G.: Zinn und Zinngießer in Liv-, Est- und Kurland, Leipzig 1929.
Lidak, D. / Mikelson, D.: Olovo v chudožestvennom remesle Latvii VI-XX vekov, Riga 1989.

Finnland

Mit Rücksicht auf die historischen Zusammenhänge war das Zinngießerhandwerk in Finnland mit dem Schwedens und der Baltischen Staaten eng verbunden.

Zur Herstellung von Zinngegenständen wurden drei Arten von Legierungen benutzt, nach denen sich die Marken richteten.

Die Legierungen enthielten:

a) 97 Teile Zinn und 3 Teile Blei – 4 Marken, davon 2 Stadt- und 2 Meistermarken
b) 83 Teile Zinn und 17 Teile Blei – 3 Marken, davon 1 der Stadt und 2 des Meisters
c) 66 2/3 Teile Zinn und 33 1/3 Teile Blei – 1 Meistermarke.

Erzeugnisse aus englischem Zinn, d.h. einer Legierung ohne Versatz von Blei, wurden mit Marken (Engelfigur, Rose, Legende) versehen, aus denen deutlich hervorging, um welches Herstellungsmaterial es sich handelt.

In den Meistermarken führten die Meister die Initialen ihres Namens sowie die Anfangsbuchstaben des zweiten Teils des geteilten Namens an.

Der Stadt- und Meistermarke fügten die Zinngießer nach dem Vorbild des Feingehaltstempels auf Gegenständen aus Edelmetall das Herstellungsjahr, das sog. Jahreszeichen, hinzu, das durch die in der nachfolgenden Tafel angeführten Buchstaben ausgedrückt wurde.

A 1694	A 1718	a (A) 1742	h (H) 1766	H 2 1790
B 1695	B 1719	b (B) 1743	i (I) 1767	I 2 1791
C 1696	C 1720	c (C) 1744	k (K) 1768	K 2 1792
D 1697	D 1721	d (D) 1745	l (L) 1769	L 2 1793
E 1698	E 1722	e (E) 1746	m (M) 1770	M 2 1794
F 1699	F 1723	f (F) 1747	n (N) 1771	N 2 1795
G 1700	G 1724	g (G) 1748	n (O) 1772	O 2 1796
H 1701	H 1725	h (H) 1749	p (P) 1773	P 2 1797
I 1702	I 1726	i (I) 1750	q (Q) 1774	Q 2 1798
K 1703	K 1727	k (K) 1751	r (R) 1775	R 2 1799
L 1704	L 1728	l (L) 1752	s (S) 1776	S 2 1800
M 1705	M 1729	m (M) 1753	t (T) 1777	T 2 1801
N 1706	N 1730	n (N) 1754	u (U) 1778	U 2 1802
O 1707	O 1731	o (O) 1755	w (W) 1779	W 2 1803
P 1708	P 1732	p (P) 1756	x (X) 1780	X 2 1804
Q 1709	Q 1733	q (Q) 1757	y (Y) 1781	Y 2 1805
R 1710	R 1734	r (R) 1758	z (Z) 1782	Z 2 1806
S 1711	S 1735	a (A) 1759	A 2 1783	A 3 1807
T 1712	T 1736	b (B) 1760	B 2 1784	B 3 1808
U 1713	U 1737	c (C) 1761	C 2 1785	C 3 1809
W 1714	W 1738	d (D) 1762	D 2 1786	I 1810
X 1715	X 1739	e (E) 1763	E 2 1787	II 1811
Y 1716	Y 1740	f (F) 1764	F 2 1788	III 1812
Z 1717	Z 1741	g (G) 1765	G 2 1789	IV 1813

Literatur:

Gahlnbäck, J.: Zinn und Zinngießer in Finnland, Helsingfors 1925.
Löfgren, A.: Finländska tenngjutare och deras stämpling före 1809, Helsingfors 1927.

Frankreich

Obwohl über die Existenz von Marken französischer Zinngießer Urkunden aus früherer Zeit exisiteren, können wir uns erst durch das unter Ludwig XIII. im Jahre 1643 erlassene Dekret eine konkrete Vorstellung machen. Damals wurde angeordnet, dass in Gegenstände aus Feinzinn (étain fin), auch „Sonnant" genannt – das ist eine weniger als 10% Blei enthaltende Zinnlegierung –, eine Marke mit dem Namen und einem Symbol des Zinngießers sowie der vorgeschriebenen Bezeichnung „étain fin" eingeschlagen werden musste. Aus minderen Zinnlegierungen hergestellte Gegenstände mussten eine Marke mit einem gekrönten Hammer oder einem anderen besonderen Symbol und den Initialen des Zinngießers haben. In der Marke wurde unten der Anfangsbuchstabe der Stadt eingefügt, in der der Meister ansässig war (z. B. P – Paris, B – Bordeaux, C – Chartres, E – Etampes, M – Melun, R – Rouen).

In den Jahren 1657 und 1674 wurden Edikte über die Einziehung einer staatlichen Steuer für die Zinnkontrolle erlassen, 1691 eine Abgabenordnung festgesetzt, und auf Zinngegenstände mussten, ebenso wie bei den aus Edelmetallen hergestellten Stücken, obligatorisch staatliche Kontrollmarken eingeschlagen werden, in denen die Jahreszahl, der Name (oder Anfangsbuchstabe) der Stadt sowie die Initialen des Zinngießers, ferner die Bezeichnung des Zinns oder nur die Anfangsbuchstaben (z. B. F – étain fin, C – étain commun) angeführt waren. Seit 1728 kamen noch die Buchstaben CE (claire étoffe) hinzu, die auf hohen Bleigehalt der Legierung hinwiesen. Derart gestempelte Gefäße sollten nicht mehr für Nahrungsmittel benutzt werden.

Literatur:
Boucaud, Ph.: 250 Poinçons d'étain, Paris 1970.
Boucaud, Ph. / Frégnac, C.: Zinn, Fribourg 1978.
Demiani, H.: François Briot, Caspar Enderlein und das Edelzinn, Leipzig 1897.
Douroff, B.A.: Étains Français des XVIIe et XVIIIe siècles, Paris S.D.
Guilbert-Guieu, M. / Breton, J.: Les étains. Trésors des Musées d'Angers, Angers 1973.
Riff, A.: Les Étains Strasbourgeois du XVIe au XIXe Siècle, Strasbourg 1925, Neudruck 1977.
Tardy: Les étains français, Paris 1956.
Tardy: Les poinçons des étains français, Paris 1974.

Großbritannien / Irland

Die älteste Zinngießerordnung wurde im Jahre 1348 in London abgefasst und 1474 zum ersten Mal eine die Qualität des verwendeten Zinns betreffende Marke erwähnt; 1564 wurde in einer Marke erstmals die Tudor-Rose verwendet, die später auch in anderen Ländern häufig zum Symbol für die aus bestem Material hergestellten Zinngegenstände wurde.

Die ältesten Marken enthielten Initialen und örtliche Merkmale, manchmal Symbole der betreffenden Stadt (z. B. Edinburghs) sowie das Jahr, in dem der Meister selbständig geworden war. Der Name einer Stadt bildete manchmal den Inhalt einer weiteren Marke, eine andere gab Aufschluss über die Qualität des Materials. Für Waren von außergewöhnlicher Qualität, Hard Metal, galt seit 1694 bis ins 18. Jahrhundert das Symbol X; dieses wurde im 19. Jahrhundert jedoch nur noch als generelle Garantie für gute Zinnerzeugnisse verwendet.

Außerdem wurden von 1635 bis zum Beginn des 18. Jahrhunderts Gegenstände aus Zinn, wie solche aus Gold oder Silber, viermal gestempelt.

Literatur:
Cotterell, H.H.: Old Pewter. Its Makers and Marks, 1. Ausgabe London 1929, 8. Auflage Tokio 1974.

Italien

Hier blieben sehr wenige Zinngeräte erhalten und nur ein Teil davon ist mit Zinngießermarken versehen. Die meisten stammen aus Südtirol und der Gegend um Venedig. Nähere Einzelheiten über Zinngießermarken sind nicht bekannt.

Japan

Die Herstellung von Zinngegenständen fällt in eine spätere Zeit. Im Jahre 1890 wurde die Kennzeichnung der Qualität des verwendeten Materials eingeführt, das Zinnlegierungen von 80%, 95 % und 99% entsprach.

Auf den Gegenständen erscheinen ebenfalls Marken der Hersteller entweder mit japanischen Zeichen oder lateinischen Buchstaben. Es ist auch ein Fall bekannt, bei dem die Marke eines bedeutenden Herstellers für Erzeugnisse aus Zinnlegierungen von 80% verwendet wurde.

Niederlande

Die älteste Verordnung über die verbindliche Markierung von Zinnerzeugnissen ist aus dem Mittelalter datiert; die ersten Zinngießermarken stammen aus der Stadt Groningen und der zweiten Hälfte des 15. Jahrhunderts. Beginnend mit dem 16. Jahrhundert findet man auf den einzelnen Zinngegenständen eine Meister- und eine Stadtmarke. Die Qualität des verwendeten Zinns wurde zwar nicht durch einheitliche Bestimmungen vorgeschrieben, doch spricht die Anbringung der Stadtmarke auf einem Gegenstand für dessen gute Qualität. Seit dem 15. Jahrhundert wurde als Qualitätsmarke ein gekrönter Hammer verwendet, manchmal auch in Verbindung mit den Initialen des Meisters, später eine Marke mit Rose.

Die Marke mit der gekrönten Rose und eingefügten Initialen bildete die häufigste Signatur der Zinngießer, die die Marke eines Meisters mit der Qualitätsmarke des Zinns vereinte. Im 18. Jahrhundert wurden Zinngegenstände, wahrscheinlich in Nachahmung der Art englischer Feingehaltstempel, klein und rechtwinklig eingeschlagen, ähnlich wie es bei Gegenständen aus Silber der Fall war.

Literatur:
Dubbe, B.: Tin en tinngieters in Nederland, Zeist 1965.

Österreich

Seit dem 15. Jahrhundert existieren Vorschriften, aus denen hervorgeht, dass die in einem Ort ansässigen Zinngießer meist zwei Marken verwenden mussten: eine Meister- und eine Stadtmarke, die später häufig in einer kombinierten Marke zusammengefasst wurden. Das bis zum 18. Jahrhundert im größten Teil des Landes gebräuchliche Zweimarkensystem entsprach einer Legierung im Verhältnis 10:1. Hingegen wurde z. B. im Gebiet von Salzburg sowie andernorts das Zweimarkensystem auch für die Markierung von Legierungen anderer Zusammensetzungen angewendet.

Im 18. Jahrhundert erscheinen Marken für die Qualität des Materials. Mit der Tudor-Rose wurden aus Feinzinn verfertigte Erzeugnisse markiert. Nicht vollständig geklärt ist die Frage, ob mit der Bezeichnung „Englisch Zinn“ nur Gegenstände aus importiertem oder auch aus nach englischer Art legiertem Material belegt wurden. Für Zinn guter Qualität mit geringem Bleiversatz wurde ebenfalls die Marke mit der Engelfigur verwendet.

Literatur:

Hintze, E.: Die deutschen Zinngießer und ihre Marken, Bd. 7, Leipzig 1931.
Mais, Ad.: Die Zinngießer Wiens. In: Jahrbuch des Vereins für die Geschichte der Stadt Wien, Bd. 14, S. 7 ff., Horn 1958.
Vetter, R.M. / Wacha, G.: Linzer Zinngießer, Wien – München 1967.
Waidacher, F.: Die Zinngießer-Familie Zamponi, Graz 1967 (Katalog zur Ausstellung).
Wolfbauer, G.: Die steirischen Zinngießer und ihre Marken, Graz 1934.

Polen

Die Existenz von Zinngießern ist seit dem 14. Jahrhundert urkundlich belegt. Die ältesten Angaben über die obligatorische Anbringung von Marken auf Erzeugnissen des Zinngießerhandwerks (Elblag/Elbing, Malbork/Marienburg) stammen aus der ersten Hälfte des 15. Jahrhunderts. Das Verhältnis der Legierungen von Zinn und Blei, wie es von den Zinngießern gehandhabt wurde, war in den einzelnen Städten, eventuell Gebieten, verschieden; überdies änderten sich die Ansprüche an die Qualität des verwendeten Materials im Laufe der Zeit und in diesem Zusammenhang auch die Art der Marken auf Zinnerzeugnissen.

Abgesehen von den ältesten, nur vereinzelt urkundlich belegten Stücken, stammt die überwiegende Mehrzahl der erhalten gebliebenen Erzeugnisse erst aus dem 18. Jahrhundert. Neben den Meister- und den Stadtmarken erschien nach den örtlichen Vorschriften eine Marke mit dem Bildnis des Hl. Johannes, mit einem Adler oder einer Rose als Zeichen für die Verwendung einer Zinnlegierung von bester Qualität (z. B. Torún/Thorn 1523 – Hl. Johannes, 1612 – Adler, 1749 – Rose; Kolobrzeg/Kolber und andere Städte – Rose). Die Engelfigur wurde in der Regel in Erzeugnisse aus englischem Zinn eingeschlagen. Die im 18. Jahrhundert verwendeten Bezeichnungen Kronzinn und Feinzinn galten für eine Legierung von 15 Teilen Zinn und 1 Teil Blei und wurden mit drei gekrönten Marken bezeichnet. In Gdańsk/Danzig wurde für Qualitätszinn der Ausdruck „Sonnant" gebraucht. Die Bezeichnung „Alte Probe" musste in einigen Städten obligatorisch auf solchen Erzeugnissen angebracht werden, die aus alten, bleihaltigen Legierungen gegossen wurden, da die Verwendung von Blei in Zinngegenständen in diesen Orten seit 1753 untersagt war (Slupsk/Stolp, Szczecin/Stettin).

Literatur:
Hardow, R.: Stolper Zinngießer und ihre nachweisbaren Arbeiten, Stolp 1931.
Hintze, E.: Die deutschen Zinngießer und ihre Marken, Bd. 3 Norddeutsche Zinngießer, Leipzig 1923, Bd. 4 Schlesische Zinngießer, Leipzig 1926.
Konarska, A.: Wyroby konwisarskie w zbiorach Muzeum Pomorza Środkowego w Slupsku, Slupsk 1981.
Michalska, J.: Cyna w dawnych wiekach, Kraków 1973.
Motyl, R.: Wyroby konwisarstwa nyskiego w zbiorach Muzeum w Nysie. In: Opolski Rocznik Muzealny VII, 1982, 159-199 (Die Erzeugnisse der Kannengiesser von Nysa in den Sammlungen des Museums in Nysa).
Myslińsnka, J.: Konwisarstwo toruńskie XVII – XVIII. w, Warszawa 1968.
Tucholka - Wlodarska, B.: Znaki gdańskich konwisarzy, In: Gdańskie studia muzealne 2, 1978, 77-98.
Wlodarska, B.: Cyna. Katalog zbiorów Muzeum narodowego w Gdańsku, Gdańsk 1975.

Rumänien

Die bisher ältesten registrierten Berichte über die obligatorische Verwendung von Marken für die Zeichnung von Zinngegenständen sind in den Zunftordnungen der Siebenbürger Zünfte aus dem 16. Jahrhundert erhalten.

Zu den ursprünglich angeführten Marken der Städte und Meister kam im 18. Jahrhundert die Qualitätsmarke für das verwendete Zinn hinzu.

Die Zinngießer waren vorwiegend in den Städten Braşov/Kronstadt, Cluj/Klausenburg, Sibiu/Hermannstadt und Sighişoara/Schäßburg ansässig.

Literatur:
Haldner, A.: Colectia de cositoare, Sibiu 1972.
Hintze, E.: Die deutschen Zinngießer und ihre Marken, Bd. 7, Leipzig 1931.
Huber, E. / Oertel, G.: Siebenbürgisch-sächsisches und anderes Zinn, Reichenberg 1936.

Russland

Nach einem Erlass Peters I. „des Großen" aus dem Jahre 1722 mussten alle Erzeugnisse aus Zinn, die bis dahin nur vereinzelt signiert worden waren, mit Zeichen der Zinngießer versehen werden. Dieser Erlass galt ursprünglich nur für die Städte Moskau und St. Petersburg. Nicht markierte Arbeiten, die in dieser oder in späterer Zeit entstanden, dürften wahrscheinlich in Klosterwerkstätten oder in anderen als den beiden genannten Städten hergestellt worden sein. Die Meistermarken wiesen in der Regel keine Symbole auf, sondern waren nur mit zweizeiligen Texten in kyrillischer Schrift gezeichnet und enthielten den Vor- und Familiennamen des Meisters; der Familienname wurde manchmal durch den Vornamen des Vaters ersetzt. Der Buchstabe M vor dem Namen bedeutete Meister (мастер), ЦМ – Zechmeister (цеховой мастер).

Auf russischen Erzeugnissen kommen noch weitere Signaturen vor. Dabei handelt es sich am häufigsten um die Marken der Metallschneider (Graveure), die Zinngegenstände verzierten und ihre Initialen mit Vorliebe an der Unterseite kunstvoll gravierter Schüsseln anbrachten. Besitzermarken werden manchmal irrtümlich für Zinngießermarken gehalten; häufig kommen Symbole des Zarenhofs und des Patriarchathofstaates vor.

Literatur:
Gahlnbäck, J.: Russisches Zinn, Leipzig 1928.
Hintze, E.: Die deutschen Zinngießer und ihre Marken, Bd. 4, Leipzig 1926.

Schweden

Nach den ältesten schwedischen Vorschriften für Zinngießer aus dem Jahre 1545 mussten Gegenstände aus Zinn mit Marken gezeichnet werden. Eine Verordnung aus dem Jahre 1694 präzisierte die Art der Markierung von Erzeugnissen derart, dass sie der Qualität der verwendeten Zinnlegierung entsprechen musste.

Erzeugnisse aus den verschiedenen Legierungen wurden folgendermaßen gezeichnet:

a) 97% Zinn – 4 Marken, davon 2 Meister- und 2 Stadtmarken
b) 83% Zinn – 3 Marken, davon 2 des Meisters, 1 der Stadt
c) 66 2/3% Zinn – 2 Meistermarken.

Marken mit gekrönter Rose kennzeichneten ab 1694 Waren, die auf englische Art aus Legierungen ohne Bleigehalt hergestellt waren.

	I	II	III		IV (1)
A	1694	1718	1742	A	1759
B	1695	1719	1743	B	1760
C	1696	1720	1744	C	1761
D	1697	1721	1745	D	1762
E	1698	1722	1746	E	1763
F	1699	1723	1747	F	1764
G	1700	1724	1748	G	1765
H	1701	1725	1749	H	1766
I	1702	1726	1750	I	1767
K	1703	1727	1751	K	1768
L	1704	1728	1752	L	1769
M	1705	1729	1753	M	1770
N	1706	1730	1754	N	1771
O	1707	1731	1755	O	1772
P	1708	1732	1756	P	1773
Q	1709	1733	1757	Q	1774
R	1710	1734	1758	R	1775
S	1711	1735		S	1776
T	1712	1736		T	1777
V	1713	1737		V	1778
W	1714	1738		W	1779
X	1715	1739		X	1780
Y	1716	1740		Y	1781
Z	1717	1741		Z	1782

In den Marken der Meister führten diese Initialen ihres Namens sowie die Anfangsbuchstaben der ersten Silbe des zweiten Teils ihres geteilten Namens an.

Die genaue Bestimmung, wann ein Gegenstand hergestellt wurde, wird durch die von den Zinngießern seit 1694 verwendeten, das Datum bestimmenden Buchstaben erleichtert.

Seit 1754 übte die Regierung die Kontrolle über die Erzeugung von Zinnwaren aus und in alle Gegenstände erster Qualität wurde überdies eine kleine Marke mit drei Krönchen als offizielle Qualitätsgarantie eingeschlagen.

Die angeführten Tafeln machen deutlich, auf welches Jahr sich die einzelnen Buchstaben beziehen.

	2	3	4	5	6	7
A	1783	1807	1831	1855	1879	1903
B	1784	1808	1832	1856	1880	1904
C	1785	1809	1833	1857	1881	1905
D	1786	1810	1834	1858	1882	1906
E	1787	1811	1835	1859	1883	1907
F	1788	1812	1836	1860	1884	1908
G	1789	1813	1837	1861	1885	1909
H	1790	1814	1838	1862	1886	1910
I	1791	1815	1839	1863	1887	1911
K	1792	1816	1840	1864	1888	1912
L	1793	1817	1841	1865	1889	
M	1794	1818	1842	1866	1890	
N	1795	1819	1843	1867	1891	
O	1796	1820	1844	1868	1892	
P	1797	1821	1845	1869	1893	
Q	1798	1822	1846	1870	1894	
R	1799	1823	1847	1871	1895	
S	1800	1824	1848	1872	1896	
T	1801	1825	1849	1873	1897	
U	1802	1826	1850	1874	1898	
V	1803	1827	1851	1875	1899	
X	1804	1828	1852	1876	1900	
Y	1805	1829	1853	1877	1901	
Z	1806	1830	1854	1878	1902	

Literatur:
Bruzelli, B.: Tenngjutare i Sverige, Stockholm 1967.
Löfgren, A.: Det Svenska Tenngjutarehantverkets Historia, 1. – 3. Teil, Stockholm 1925–1950.

Schweiz

Die ältesten Marken auf Zinnerzeugnissen stammen aus dem 16. Jahrhundert. Insgesamt wurden drei grundlegende Arten von Marken – Meister-, Stadt- und Qualitätsmarken – verwendet, doch waren sie in den einzelnen Kantonen und Städten, je nach den örtlichen Bestimmungen, verschieden eingeschlagen. Ebenso unterschiedlich war das verwendete Material. Das älteste war die sog. Zürcher Probe, die einer Legierung von 4 Teilen Zinn und 1 Teil Blei entsprach. Seit dem Ende des 17. Jahrhunderts wurden häufiger Legierungen mit niedrigerer Bleibeimengung benutzt. Wenn diese höchstens 10% betrug, wurde der Gegenstand mit dem Buchstaben F unterhalb der Krone, in der französischen (welschen) Schweiz mit Estain, Estin, Etain fin, fin cristallin markiert. Ferner erscheinen auch Marken mit den Bezeichnungen Blockzinn, Feinzinn oder Englischzinn, mit denen die bessere Zinnqualität ausgedrückt wurde. Nach 1700 wurden auch Marken mit der Engelfigur benutzt, und zwar wurden sie auf einem Gegenstand dreifach nebeneinander eingeschlagen.

Die allgemein verwendete und offiziell anerkannte Zinn-Blei-Legierung durfte nicht mehr als 17 Teile Blei bei 100 Teilen Zinn enthalten. In der französischen Schweiz wurde diese Legierung mit étain commun oder nur mit dem Buchstaben C (commun) und der Jahreszahl des Inkrafttretens der Anordnung über das Verhältnis Zinn-Blei in einer Legierung markiert.

Literatur:
Bossard, G.: Die Zinngießer der Schweiz und ihr Werk, Bd. 1, Zug 1920, Bd. 2, Zug 1934.
Scheinder, H.: Zinn. Katalog der Sammlung des Schweizerischen Landesmuseums Zürich, Olten und Freiburg i.Br. 1970.
Schneider, H. / Kneuss, P.: Zinn. Die Zinngießer der Schweiz und ihre Marken, Olten und Freiburg i.Br. 1983.

Slowakei

Das Handwerk der Zinngießer war in der Slowakei weniger verbreitet. Nur in den wirtschaftlich blühenden Städten hatten sich einige Meister niedergelassen. Die Existenz von Zinnerzeugnissen ist ab dem 15. Jahrhundert aus schriftlichen Quellen und Bildmaterial nachgewiesen, aber erhaltene Stücke sind erst ab dem 17. Jahrhundert vereinzelt vorhanden. Die Zunftregeln befassten sich ausführlich damit, wie viel Blei dem Zinn in den jeweiligen Legierungen beigemengt werden durfte, und die Zünfte kontrollierten auch genau, dass sich die Meister daran hielten. Auch mussten die Erzeugnisse mit Marken gezeichnet sein: neben der Stadtmarke (Beschaumarke) mit der Meistermarke und später auch der Qualitätsmarke, wie es auch in den Nachbarländern üblich war. In der 2. Hälfte des 17. Jahrhunderts hat man in Pressburg (Bratislava) nach der „Wiener Probe“ gearbeitet. Den Probezinn (im Verhältnis 10:1) hat man hier mit der Stadtmarke zwischen zwei Meistermarken bezeichnet, im Unterschied zu der Stadt Levoča (Leutschau), wo die Stadtmarke neben der Meistermarke genügt hat. Die Arbeiten aus gewöhnlichem Zinn (5:1) tragen nur zwei Meistermarken. Das aus englischem Zinn (ohne Bleizusatz) gearbeitete Geschirr ist durch Rosen- oder Engelmarken bezeichnet. Durch ein im Jahr 1770 von Maria Theresia erlassenes Dekret mussten die Zinngießer in alle Zinngegenstände die Qualitätsmarken einschlagen. Die Erzeugnisse aus Schlagenwalder Zinn waren mit „Schlagenwalder“ oder „Schlackawalter Feinzinn“, „Schlackenwalter FZ“ oder nur mit „SWFZ“ bezeichnet, Sachen von Probezinn (10:1) mit Probzinn oder PZ. Aus altem, umgegossenem Zinn hergestellte Gegenstände bezeichnete man als Vermischt oder Vermischtes Zinn.

Literatur:
Toranová, E.: Cinárstvo na Slovensku, Bratislava 1980 (Zinngießerei in der Slowakei).

Ungarn

Auf ungarischem Gebiet bildeten sich im 16. Jahrhundert Zünfte der Zinngießer und in diese Zeit fällt auch die erstmalige Verwendung von Marken auf Zinngegenständen.

Im 18. Jahrhundert kommt zu der Stadt- und der Meistermarke noch die Qualitätsmarke hinzu. Diese ab 1770 verwendete Marke wurde aufgrund des von Maria Theresia erlassenen Dekrets für alle Zinnerzeugnisse verbindlich eingeführt und verfolgte den Zweck, die Beimengung von Blei einzuschränken.

Zur Herstellung von Zinnwaren wurden überwiegend Legierungen im Verhältnis 10 Teile Zinn und 1 Teil Blei (Probezinn – PZ) benutzt. In manchen Gebieten wurden auch Legierungen im Verhältnis 9:1 derart markiert, doch durften sie nicht mehr als 10% Blei enthalten. Von geringerer Qualität war das Material „Probe zum Vierten“ (4:1). Feinzinn enthielt entweder überhaupt kein Blei oder nur ganz geringe Mengen, wobei das Verhältnis unbedingt kleiner als 10:1 sein musste. Diese Gegenstände wurden mit einer gekrönten Rose oder mit den Buchstaben FZ gezeichnet. Erzeugnisse aus englischem Zinn wurden als Englisch Zinn oder Rein, eventuell als Fein Englisch Zinn mit einer Engelfigur markiert.

Auf dem Gebiet des heutigen Ungarn siedelten Zinngießer vorwiegend in den Städten Budapest, Györ/Raab, Sopron/Ödenburg, Debrecen/Debreczin und Miskolc.

Literatur:
Hintze, E.: Die deutschen Zinngießer und ihre Marken, Bd. 7, Leipzig 1931.
Weiner, P.: Zinnkunst in ungarischen Sammlungen, Budapest 1971.
Weiner, P.: Zinngießermarken in Ungarn (16. – 19. Jahrhundert), Budapest 1978.

Vereinigte Staaten von Amerika

Die ersten Zinngießer kamen mit den englischen Einwanderern ins Land und siedelten sich im Laufe des 17. Jahrhunderts an. Die ältesten Zinnerzeugnisse stammen jedoch aus dem Beginn des 18. Jahrhunderts. Anfangs wurde die Produktion sehr stark durch die Einfuhr englischer Waren beeinflusst. Im Unterschied zu den europäischen Ländern bestanden jedoch keine Vorschriften über die Markierung von Zinngegenständen. Die örtlichen Zinngießermarken stellten eher Firmen- und Schutzmarken für die Qualität des verwendeten Materials dar.

Die Hersteller versahen in der Regel Teller, Schüsseln und andere flache Gegenstände mit größeren Marken, in denen der Name des Zinngießers und eventuell der Name der Stadt, seines Wohnsitzes, angeführt waren. Manchmal bildete die Bezeichnung der Stadt eine selbständige Marke. Auf den Henkeln, Griffen usw. wurden kleinere Marken mit den Initialen des Herstellers eingeschlagen. Bis 1755 enthielten die Marken oftmals die gekrönte Tudor-Rose, einen Löwen und ein Einhorn, später überwog jedoch ein Adler.

Außerdem erscheint manchmal auch der Buchstabe X, die gekrönte römische Zehn, als Qualitätsmarke.

Neben den erwähnten Arten von Marken erscheinen zwischen 1750 und 1800 kleine punzierte Zeichen, je 2 – 4 auf einem Zinngegenstand, die vorsätzlich Feingehaltstempel von Silbergegenständen nachahmen.

Literatur:
Laughlin, L.J.: Pewter in America, Vol. I–III, Barre, Mass. 1969–1971.

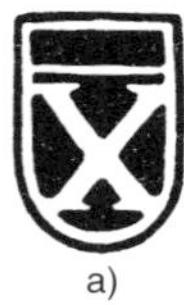

a)

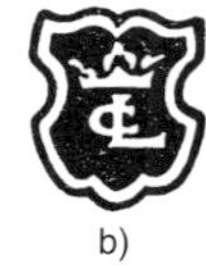
b)

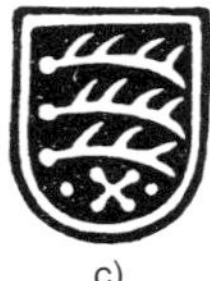
c)

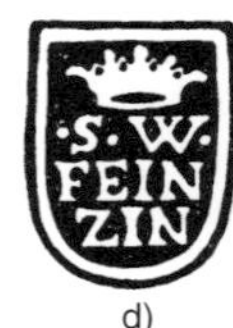

d)

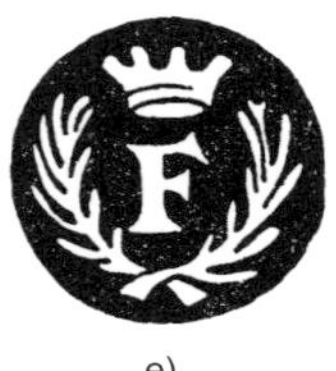

e)

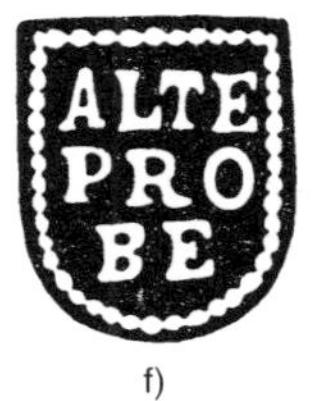

f)

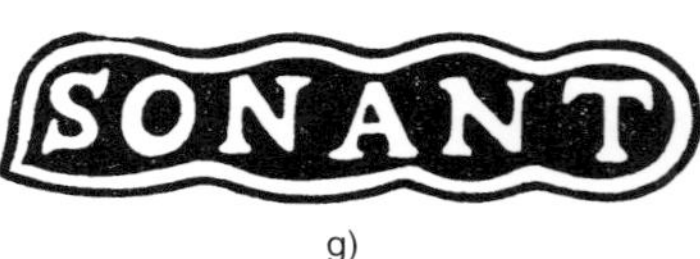

g)

Qualitätsmarken:

a) Probe „Zum Zehnten“
b) „clar und lauter“
c) Probezinn
d) Schlaggenwalder Feinzinn
e) Feinzinn
f) „Alte Probe“
g) „Sonant“

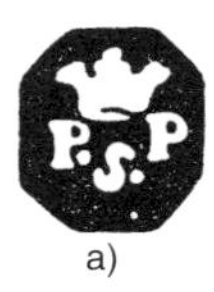

a)

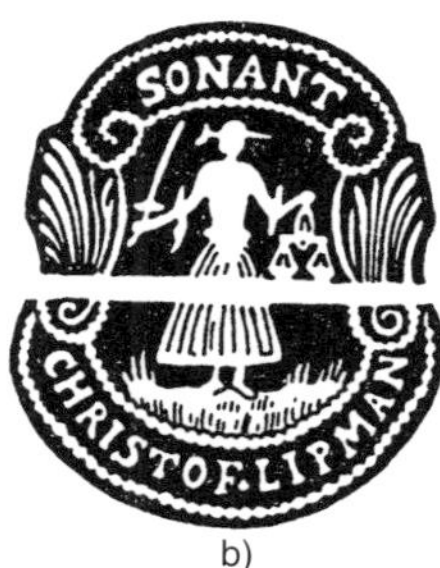

b)

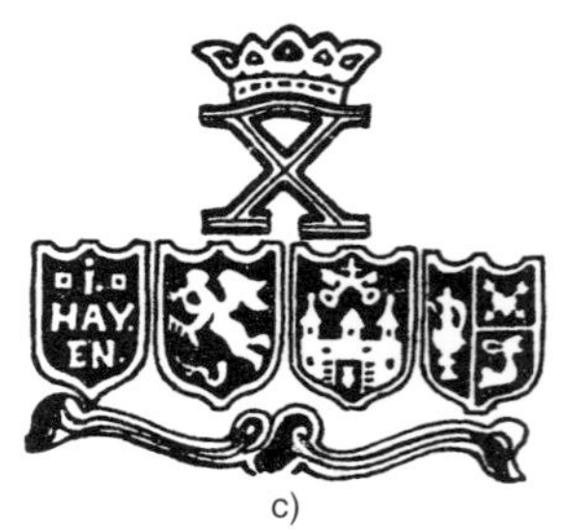

c)

a) Die Marke mit den Initialen des Meisters und dem Anfangsbuchstaben des zweiten Teils des getrennten Namens (Peter Petterson, Helsinki–FIN, 3. Viertel des 18. Jahrhunderts).

b) Die Marke der Witwe nach dem ansässigen Zinngießer (Christoph Lipmann, Elblag/Elbing–PL, M 1771 † 1778).

c) Marken, die Silberschmiedepunzen nachahmen (Johann Hayen III., Riga-LV, M 1772 † 1821).

Katalogteil

Verwendete Abkürzungen für die einzelnen Staaten

A – Österreich
CH – Schweiz
CZ – Tschechien
D – Deutschland
DK – Dänemark
EST – Estland
F – Frankreich
FIN – Finnland
GB – Großbritannien
H – Ungarn
I – Italien
IRL – Irland
J – Japan
LV – Lettland
NL – Niederlande
PL – Polen
RC – China
RO – Rumänien
RUS – Russland
S – Schweden
SK – Slowakei
SLO – Slowenien
USA – Vereinigte Staaten von Amerika

Abkürzungen

* – Geburtsdatum
† – Todesdatum
B – Datum der Aufnahme in die Bürgerschaft
M – Datum des Freispruchs als Meister

Jahreszahlen ohne Zusatz:
Belegtes Jahr der Tätigkeit des betreffenden Zinngießers bzw. der Verwendung der Marke. Nähere Daten nicht bekannt.

Buchstabe A

Nr.	Marke	Angaben
1	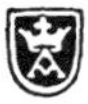	TURKU – FIN
2	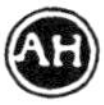	Meister AH Tallinn (Reval) – EST um 1724
3	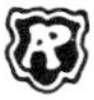	Meister A P Tallinn (Reval) – EST um 1600
4	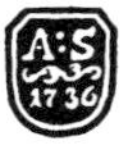	Alexander SIERCKS Anklam – D M 1756 † 1783
5	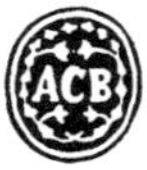	A. Carl Clemens BORCHERS Wismar – D M 1846
6	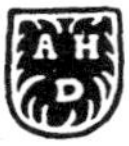	Adolph HELLEDAIJ Jönköping – S 1782 – 1796
7	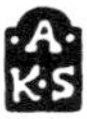	Abraham KUPFERSCHMIDT Tallinn (Reval) – EST B 1758 – 1797
8	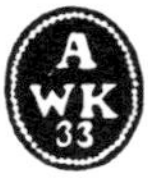	Adolph Wilhelm KRIPNER Lübeck – D B 1835 † 1900

Buchstabe B

Nr.	Marke	Angaben
9	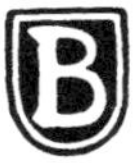	BORNA – D
10	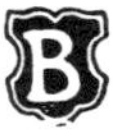	BRANIEWO (BRAUNSBERG) – PL

11	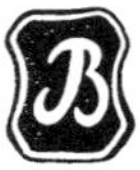	Joseph BRANDEL Bolesławiec (Bunzlau) – PL 1813/14 † 1876
12	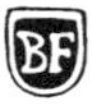	Benjamin FALCK Pärnu (Pernau) – EST 1783 † 1808
13	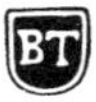	Meister B T Tartu (Dorpat) – EST 1775

Buchstabe C

14	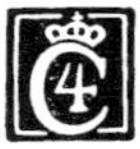	KRISTIANSTAD – S
15	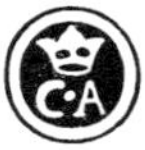	Claude ADAM Chalon-sur-Saône – F 1708
16	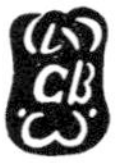	Carl BEHMANN I. Detern – D 1831 † 1894 Oldenburg
17	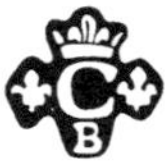	BORDEAUX – F um 1700 („étain commun“)
18		CHEVILLARD Paris – F 1830 – 1850
19	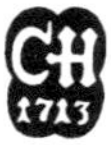	Christian HOLSTEIN Neubrandenburg – D M 1713 † 1764
20	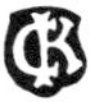	Cyriakus KLINTH Riga – LV 1540 † 1592

21		Conrad PRESS Anklam – D M 1735
22		Johann Caspar SCHMITZ Löningen – D M 1817 † 1837
23	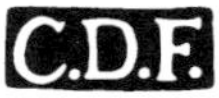	Carl de FLON Vaxjö – S 1777 – 1817
24	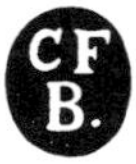	Carl Friedrich BURMEISTER d. J. Schwerin – D M 1798 † 1835
25	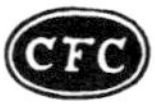	Carl Friedrich COFFRIED Lijepaja (Libau) – LV 1796 † 1836
26	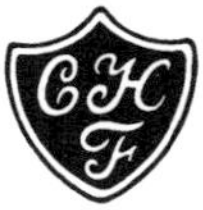	Carl Heinrich Ferdinand FARNOW Neubrandenburg – D M 1836
27		Carl Hinrich KRAETZ Kiel – D M 1784 † 1828
28	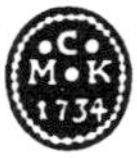	Christoph Moritz KRAETZ Kiel – D M 1734 † nach 1787
29	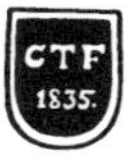	C. T. FRITSCH Greifswald – D M 1835
30	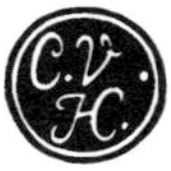	Christian Volrath HAUSHERR Stralsund – D M 1812

31
Carl Wilhelm JUCHANOWITZ
Gdańsk (Danzig) – PL
M 1811

32
Carl Christoph Friedrich
OESTERLING
Heide – D
1827 † 1857

33
Christian Hermann HÜLSEMANN
Lübeck – D
M 1791 † 1832

34
ABBEVILLE – F
Beginn d. 18. Jh.

Buchstabe D

35
Diedrich HACKER
Tallinn (Reval) – EST
M 1722 † 1770

36
Detleff Andreas Christian
HAUSHERR
Güstrow – D
M 1805 – 1850
(Markenzeichen verwendet
ab 1814)

37
Daniel Friedrich BORCHWARDT
Güstrow – D
M 1743 † nach 1767

38
Daniel Henrik LINDEGREA
Lovisa – FIN
nach der Mitte des 18. Jh.

39
Meister D R K
Sighișoara (Schäßburg) – RO
17. Jh.

Buchstabe E

40
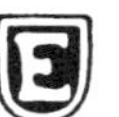
ELBLĄG (ELBING) – PL

41	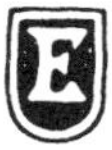	ELBAG (ELBING) – PL
42	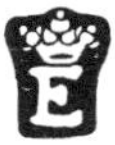	CHEB (EGER) – CZ
43	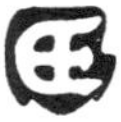	ESSLINGEN – D

Buchstabe F

44	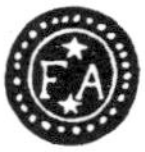	François AMELINE Chalon-sur-Saône – F 1710
45	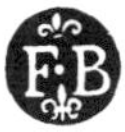	Frederick BASSET New York – USA 1761 – 1780
46	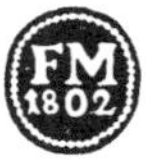	Friedrich MATTHIESSEN Hamburg – D M 1802 † 1822
47	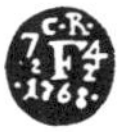	Carl REUTLINGER Frankfurt a. M. – D M 1768 † 1809
48	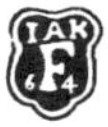	Johann Abraham KLINGLING Frankfurt a. M. – D M 1669
49	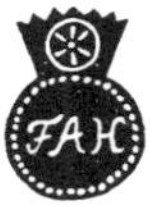	Friedrich Arnold HÖLSCHER Fürstenau – D *1758 – letztes Viertel d. 18 Jh.

Buchstabe G

50	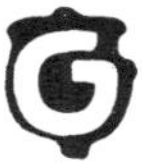	GRYFÓW ŚLASKI (GREIFFENBERG) – PL

51	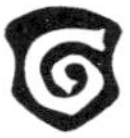	ST. GALLEN – CH
52	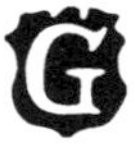	GÄWLE – S
53	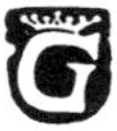	MEISTER G JIHLAVA (IGLAU) – CZ Wende 16./17. Jh.
54	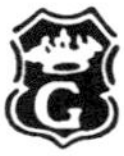	GÄWLE – S
55	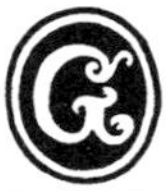	GLOGÓW (GLOGAU) – PL
56	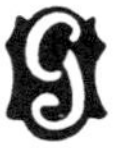	Heinrich GERHOLD Nysa (Neisse) – PL M 1782 † 1808
57	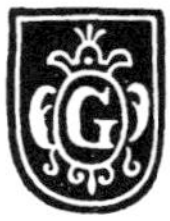	HRADEC KRÁLOVÉ (KÖNIGGRÄTZ) – CZ
58	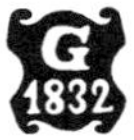	C. GOTTESPFENNIG Rostock – D M 1832 † 1862
59	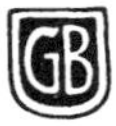	Meister G B Sighişoara (Schäßburg) – RO 17. Jh. ?
60	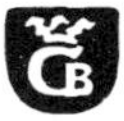	GÖTEBORG – S
61	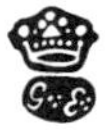	Gerhard Heinrich ECKHOLT Haselünne – D *1776 † 1830

62		Gilbert LEYDING Flensburg – D M 1756 † 1792
63	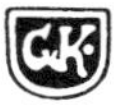	Meister G K Sighişoara (Schäßburg) – RO 17. Jh.
64	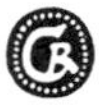	Gideon RIDDER Riga – LV M 1591 (?) † 1626
65	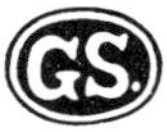	Gustav SILOV Linköping – S 1846 – 1847 Vimmerby – S 1848 – 1875
66	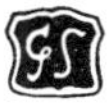	George STIER Tallinn (Reval) – EST M 1763 † 1781
67		Meister G J H Tallinn (Reval) – EST 1766
68	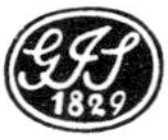	Gottfried Jacob SCHRÖDER Celle – D B 1829 † 1880
69	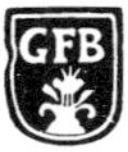	Gottlob Friedrich BAUMANN Hudiksvall – S 1789 – 1826
70	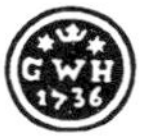	Georg Wilhelm HEDECKEN Eckernförde – D M 1736
71		Georg Christian Gottfried DRÜHL Hamburg – D M 1812 † 1829
72	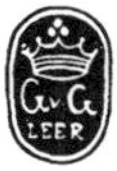	Gerhard Anton v. GLAN Leer – D M 1855 † 1890

Nr.	Marke	Angaben
73	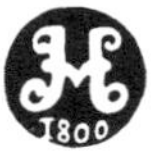	Johann Gottfried HASELBACH Lwówek Śląski (Löwenberg) – PL M 1800 – 1831
74	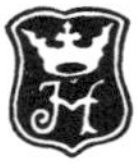	HEDEMORA – S
75	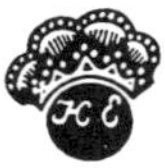	Heinrich ECKHOLT Meppen – D 1806 – 2. Viertel d. 19. Jh.
76	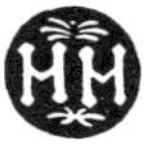	Heinrich Johann Friedrich HEYDEN Grabow – D 1832 – † 1858
77	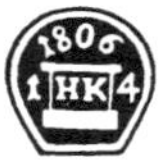	Johann Jacob Heinrich KRUMBÜGEL Röbel – D M 1806 † 1854
78	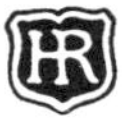	Meister H R Riga – LV um 1650
79	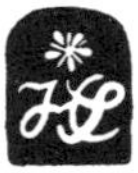	Henrik Philip STICKLER Hälsingborg – S 1813 – 1851
80	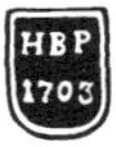	Hans Bernhardt PFISTER Graz – A M 1703 – 1749
81	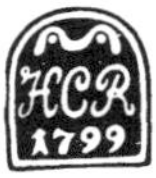	Hans Christoph REINCKE Rostock – D M 1799 † 1839
82	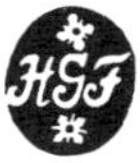	Henrich Gottlieb FLEMMING Johanngeorgenstadt – D M 1799

83	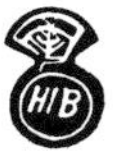	Joseph Heinrich BRINKMANN Friesoythe – D *1811 – 2. Drittel d. 19. Jh.
84	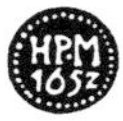	Hinrich PÖÖMÖLLER Lijepaja (Libau) – LV 1652 – 1699
85	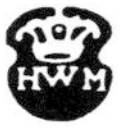	Hans Wilhelm MERCKEL Jihlava (Iglau) – CZ 2. Hälfte d. 17. Jh.
86	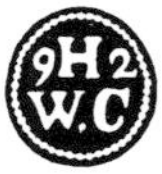	Hinrich Wilhelm CONRADY Schleswig – D M 1786 † nach 1800 (Markenzeichen verwendet ab 1792)
87	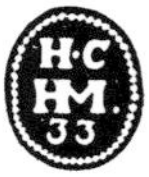	Hermann Christoph HÜLSEMANN Lübeck – D M 1824 † 1864
88	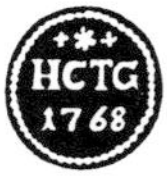	Hans Christian Thomas GROTH Heide – D M 1768 † vor 1813
89	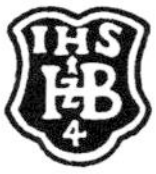	Joseph Heinrich SETZER Heilbronn – D *1768 † 1802

Buchstabe I J

90	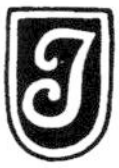	TSCHERNJACHOWSK (INSTERBURG) – RUS
91	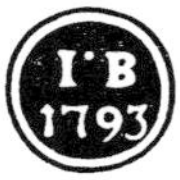	Johann Jochim BASS Waren – D M 1793 (Rostock) † 1832
92	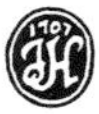	Johan HAYEN I. Riga – LV 1707 † 1752

93	I·L	Joseph LEDDELL New York – USA 1712 – 1753
94	IS	Jochim SCHUH Tallinn (Reval) – EST B 1613
95	1807 JS	Johann Georg SCHRÖDER Neuruppin – D M 1807
96	IAW 1813	Jochim Andreas Wilhelm WESTPHAL Preetz – D M 1813 † 1843
97	B IBE 1769	Johann Balthasar ECKELMANN Bramsche – D 3. Viertel d. 18. Jh.
98	ICC	John Carruthers CRANE Bewdley – GB 1800 – 1838
99	J C★D	Joachim Christian DRÜHL Plau – D M 1715 † 1767
100	·I·CH·	Johann Christopher HEYNE Lancaster – USA 1754 – 1780
101	ICH 1792	Joachim Christopher HEITMANN Preetz – D M 1792 † 1838
102	J.C. P	Johann Christian PRESS Gnoien – D *1779 † 1840
103	I·C W	Jacob Christian WELLING Tartu (Dorpat) – EST B 1755 † 1773

104 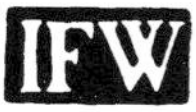 Johan Frederik WERRENRATH
Lund – S
1847 – 1900

---

105 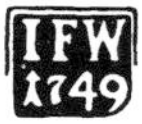 Johann Friedrich WAGNER
Esslingen – D
M 1749 † vor 1816

---

106 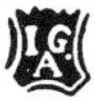 Johann Gustav ALMQUIST
Turku – FIN
1. Viertel des 19. Jh.

---

107 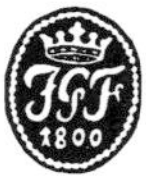 Johann Gottfried FRITSCH
Greifswald – D
M 1800

---

108 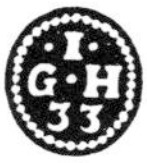 Johann Gottfried HÜTTING
Lübeck – D
M 1802 † 1842

---

109 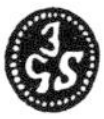 Johann George STIER
Tallinn (Reval) – EST
B 1720 † 1767

---

110 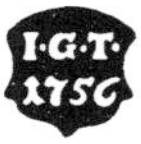 Johann Georg TEUFEL
München – D
M 1756 † 1782

---

111 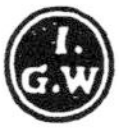 Johann Georg WINCKLER
Lindau – D
1824 † 1874

---

112 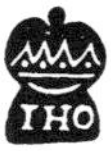 Johann Heinrich OLDING
Sögel – D
um 1862

---

113 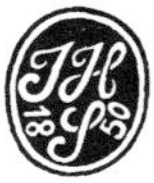 Johann Heinrich Friedrich SCHLICHTING
Bützow – D
M 1850

---

114 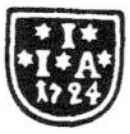 Johann Jochim ALSTORFF
Güstrow – D
M 1724 † vor 1741

115	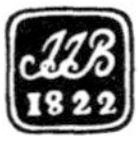	Johann Jacob BASEDOW Lüneburg – D M 1822 † nach 1850
116	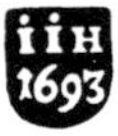	Johann Joseph HARSCH Graz – A M 1693 – 1755
117		Johann Jürgen Christian KRIPNER Mölln – D M 1799 † 1829
118		Johann Joachim ULRICH Rendsburg – D M 1776 – Beginn d. 19. Jh.
119	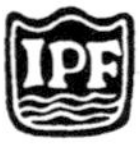	Johan Petter FAGERSTRÖM Kalmar – S 1798 – 1837
120		Jonas SJÖBERG Varberg – S 1743 – 1763

Buchstabe K

121	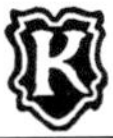	KARLSTADT – D
122		Johann Gottfried KIESEL Leisnig – D M 1815
123	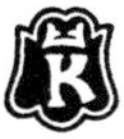	Johann Ludwig Wilhelm KAWE Perleberg – D M 1770 † 1806

Buchstabe L

124	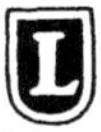	LICHTENSTEIG – CH
125	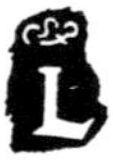	LANGRES – F

126		Lars BERG Karlstad – S 1743 – 1766
127		L. DRESCO Paris – F 1880 – 1904
128		Ludwig POPPE Essen – D *1807 † 1852
129		LOVISA – FIN
130		Lars Claesson FRIES Strängnäs – S 1760 – 1790
131		Meister L T Tallinn (Reval) – EST 1600
132		Louis PELLETIER Paris – F 1720

Buchstabe M

133		Johann Friedrich MIX Nysa (Neisse) – PL M 1807
134		KOZUCHÓW (FREYSTADT) – PL
135		MILTENBERG – D
136		VÄSTERÅS – S

137	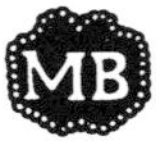	Magnus BERGMAN Malmö – S 1794 – 1809
138	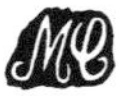	CHAVENTRÉ Paris – F 1835 – 1865
139	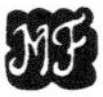	Matthias Nielson FLOWEEN Narva – EST 1732 † 1741
140	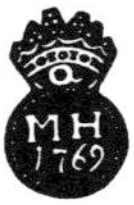	Matthias HÖLSCHER Quakenbrück – D *1719 † 1793
141	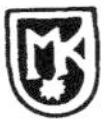	Meister M K Sighişoara (Schäßburg) – RO 17. Jh.
142	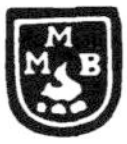	Martin Gustaf MOBERG Jönköping – S 1777 – 1815

Buchstabe N

143	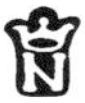	UUSIKAUPUNKI – FIN
144	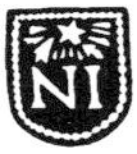	Nicolaus JUSTELIUS Eksjö – S 1784 – 1819
145	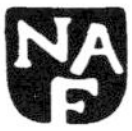	Niclas Adolph FALCK Skara – S 1787 – 1828
146	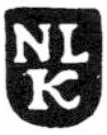	Nicolas LAKE Vänersborg – S 1751 – 1781
147	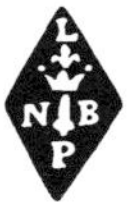	Niclas BOICERVOISE Paris – F M 1771

Buchstabe P

148	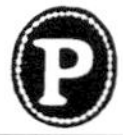	PARCHIM – D
149	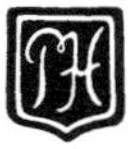	Petter HÖIJER Örebro – S 1796 – 1819
150	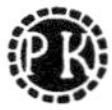	Peter KIRBY New York – USA 1736 – 1788
151	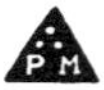	P. MORANE Paris – F 1875
152	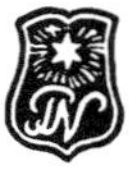	Petter Samuelsson NORÉN Hedemora – S 1760 – 1797
153	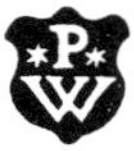	Paul WEISE Zittau – D 2. Hälfte d. 16. Jh. † 1591
154	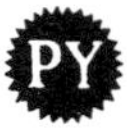	Peter JOUNG New York und Albany – USA 1775 – 1795
155	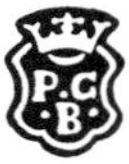	Peter Joseph BOROCCO d. Ä. Lörrach – D 1776 – 1806
156	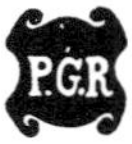	Peter G. RAHNCKE Rostock – D M 1846 † nach 1865
157	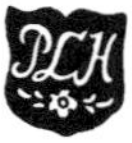	Peter Larsson HOLMIN Boras – S 1777 – 1793
158	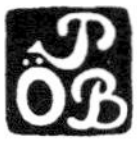	Peter ÖHLERG Kristianstad – S 1780 – 1812

159 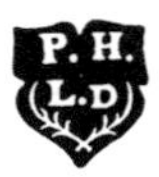

Peer Henrik LUNDÉN
Linköping – S
1797 – 1834

Buchstabe R

160 RESZEL (RÖSSEL) – PL

161 RORSCHACH – CH

162 RAUMA – FIN

163 ROSTOCK – D

Buchstabe S

164 STRZELIN (STREHLEN) – PL

165 STRZELIN (STREHLEN) – PL

166 SCHWEINFURT – D

167 ZAGAŃ (SAGAN) – PL

168 Sven EKSTRÖM
Norrköping – S
1824 – 1852

169 SZPROTAWA (SPROTTAU) – PL

170	S·S	Simon SANDERS Langtree, nr. Bideford – GB um 1700
171	SB L	Sven BERGLUNG Malmö – S 1811 – 1844
172	S· WG	Samuel WEIGANG Stockholm – S 1778 – 1793

Buchstabe T

173	T.B	Timothy BRIGDEN Albany – USA 1816 – 1819
174	TK	Meister T K Sighişoara (Schäßburg) – RO 17. Jh.

Buchstabe U

175	U W	UDDEVALLA – S

Buchstabe W

176	W	Jacob WOLFF Tartu (Dorpat) – EST B 1751 † 1754
177	W	WROCŁAW (BRESLAU) – PL
178	W	Visby – S
179	W	WROCŁAW (BRESLAU) – PL

180		VÄXJÖ – S
181		WYBORG – RUS
182		VÄNERSBORG – S
183		VARBERG – S
184		VIMMERBY – S
185		Friedrich Wilhelm NICOLAI Neubrandenburg – D B 1782 † 1846
186		Wilhelm HELLEDAY Stockholm – S 1782 – 1830

Buchstabe Z

187		ZITTAU – D
188		ZÜRICH – CH
189		Zacharias LINDSTRÖM Tallinn (Reval) – EST B 1804 – 1843

Kalligraphische Schrift

190	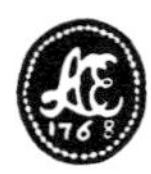	Andreas Ludwig ECKELMANN Lauenburg / Elbe – D M 1768 † 1804

191	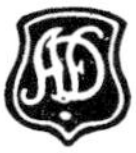	Andreas DAHLIN Ystad – S 1772 – 1799
192	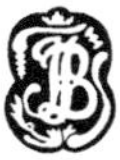	Jochim Christoph David BERTZOW Neubrandenburg – D B 1782 † 1829
193	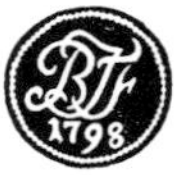	Bernhard Johann FAHRENKRÜGER Hamburg – D M 1798 † 1732 (?)
194	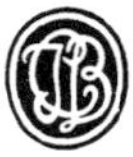	Christian Jacob BECKENDORFF Glückstadt – D B 1765 † 1815
195	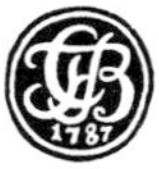	Christian Joachim Friedrich BOTEFÜHR Neustadt – Glewe – D M 1787 † 1831
196	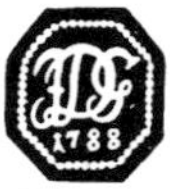	Jochim Daniel GOTTESPFENNIG Rostock – D M 1788
197	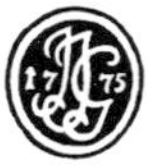	Johann Jacob GESNER Kiel – D M 1775 † 1818
198	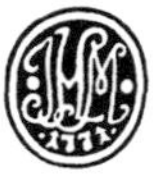	Jacob Hinrich MEYER Hamburg / Altona – D B 1771
199	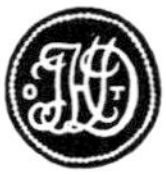	Johann Hinrich DAHM Hamburg – D M 1794 † wahrscheinlich 1824
200	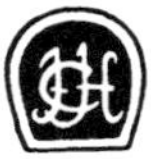	Joachim Christian HENSKY Plau – D *1766 † 1791
201	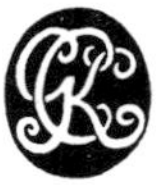	Carl Gottfried KLEMM d. J. Reichenbach (Vogtl.) – D M 1797 † 1835

202	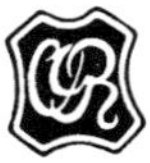	Johann Carl Gottlob REICHEL Marienberg – D 1. Hälfte d. 19. Jh.
203	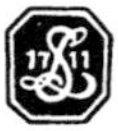	Lorentz SCHULTZ Lijepaja (Libau) – LV M 1711 – 1755
204	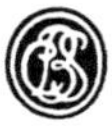	Meister C B S Tallinn (Reval) – EST um 1765
205	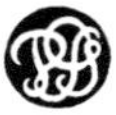	Peter Georg SCHWINGER Kiel – D M 1721 † 1744
206	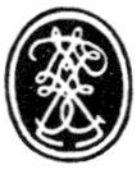	Gottlieb Wilhelm August MEYER Celle – D M 1762 † 1786
207	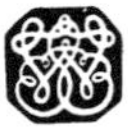	Johann WEISS Tallinn (Reval) – EST B 1682 † 1727
208	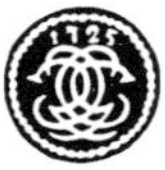	Christian GRELL Demmin – D M 1725 † 1745
209	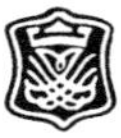	Johann Sebastian STIER Tallinn (Reval) – EST M 1744 † 1779
210	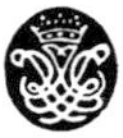	Johann George STIER Tallinn (Reval) – EST B 1720 † 1767
211	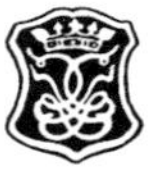	George STIER Tallinn (Reval) – EST M 1763 † 1781
212	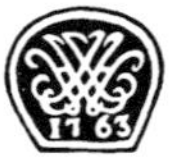	Joachim Christian HENSKY Röbel – D M 1763 † 1822

213		Johann Friedrich Christian DRÜHL Sternberg – D M 1762 † 1788
214		Johann Gottlieb DRÜHL Bützow – D 2. Hälfte d. 18. Jh.
215		Christian Heinrich SCHLÖR d. Ä Künzelsau – D M 1793 (?) † 1837

Hausmarken

216		Schwen BRAHT Rehna – D M 1714 † 1749
217		Johann Friedrich RECKEN Pritzwalk – D M 1757
218		Johann Friedrich SCHRÖDER Horneburg bei Stade – D M 1767
219		Hermann Anton Diedrich SPIESKE I. Oldenburg – D M 1767 † 1809
220		Hinrich Ludolf KÖSTER Hamburg / Altona – D *1708 (?) † 1763
221		Nicolaus Gerhard HANSMANN Oldenburg – D M 1763 † 1808
222		Jochim SCHULTE III. Wismar – D M 1694 † 1736
223		Johann Heinrich SCHÜNEMANN Celle – D M 1698 † 1711

224	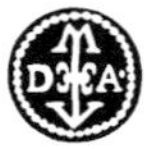	Daniel Martin ALSTORFF Güstrow – D M 1699
225	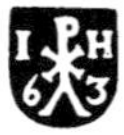	Johann PALHEYDT Mölln – D M 1663
226	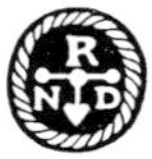	Nicolaus RÖHRDANTZ Rostock – D M 1717 † 1748
227	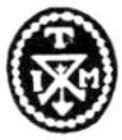	Jacob TIMMERMANN Glückstadt – D M 1722 † 1759
228	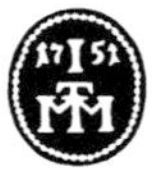	Johann Matthias TIMMERMANN d. J. Hamburg – D M 1751 † nach 1776
229	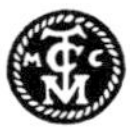	Matthias CLASSEN Hamburg – D M 1667/68 † 1710
230	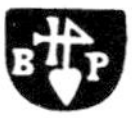	Benjami PEWES Gdańsk (Danzig) – PL M 1701
231	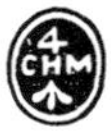	Claus HANSMANN Oldenburg – D M 1724 † 1758
232	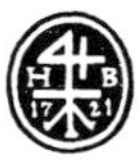	Hinrich BRUMMER d. J. Hamburg – D M 1721
233	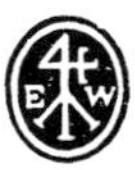	Erich WITTER Grabow – D M 1698 † 1721
234	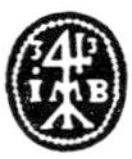	Johann MÄGEBEHR Lübeck – D letztes Viertel d. 17. Jh † 1710

235	Jochim Hinrich SCHRÖDER Stralsund – D B 1720
236	Bartholomaeus KLOTT Greifswald – D M 1702
237	Peter REESE Tallinn (Reval) – EST B 1708 † 1754
238	Jochim SENß Tallinn (Reval) – EST 1680 – 1710
239	Meister P R I Tallinn (Reval) – EST um 1695
240	Meister C G Riga – LV um 1694
241	Jacob (?) BRASCHKE Gdańsk (Danzig) – PL M 1700
242	Daniel NEUMANN Stade – D M 1680
243	Meister T G Prešov (Eperies) – SK um 1661
244	Heinrich Samuel SCHILLER Szprotawa (Sprottau) – PL tätig i. d. 2. Hälfte d. 18. Jh.
245	Andreas WÖSTHOFF Rostock – D M 1673 † 1726

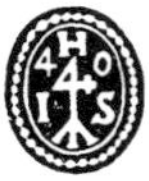

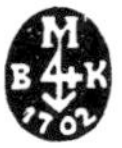

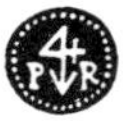

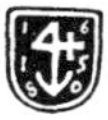

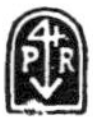

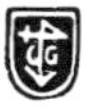

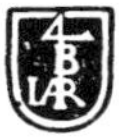

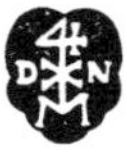

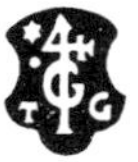

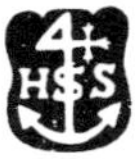

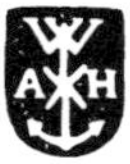

246	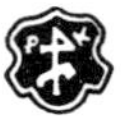	Pavel KOPES Tallinn (Reval) – EST B 1670 † 1694
247	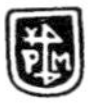	Peter MEESE Riga – LV B 1659 † 1683 (?)
248	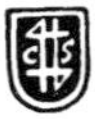	Claus SCHMIDT Riga – LV B 1690 – 1710
249	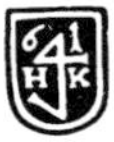	Hans KÖHLER Hamburg – D M 1661 † 1695
250	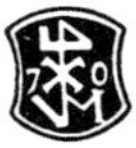	Jürgen MEYER III. Celle – D B 1667 † 1704
251	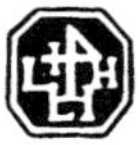	Lüdecke HARMS Malchin – D 1667 – 1703
252	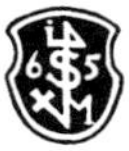	Johan SCHÜNEMANN Celle – D 1665 – 1692
253	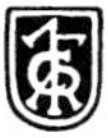	Carl FRANTZ Gdańsk (Danzig) – PL M 1673
254	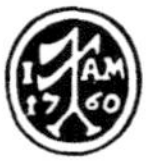	Johann Adolph MEESE Hamburg / Altona – D M 1760
255	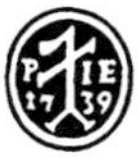	Peter Jacob EPLER Hamburg / Altona – D M 1739 † 1759
256	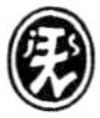	Meister J S Kuressaare (Arensburg) – EST 17. Jh.

257		Michael OTTERER Riga – LV B 1603 – 1646
258		Meister PN Tartu (Dorpat) – EST 16. Jh.
259		Meister I N Tartu (Dorpat) – EST 16. Jh.

Legenden

260	SALTZER	Lajos SALTZER Miskolc – H 1826 – 1877
261	GRIMES	GRIMES & SON London – GB 1817
262	Riedel.	Anton RIEDEL Legnica (Liegnitz) – PL 2. Drittel d. 19. Jh.
263	A·JENNER	Anthony JENNER London – GB 3. Viertel d. 18. Jh.
264	ILLGEN	Ernst August ILLGEN Lubań (Lauban) – PL M 1830 (?)
265	1730L · LANGWORTHY	Lawrence LANGWORTHY Newport – USA 1730 – 1739
266	LUDEWIGSLUST	LUDWIGSLUST – D
267	J &H.WARDROP	J. & H. WARDROP Glasgow – GB 1800 – 1840

Nr.	Marke	Hersteller
268	I.A.EYLERS.	Johann Anton EYLERS Riga – LV 1822 † 1835
269	Thoma.	Georg Heinrich THOMA Hainichen – D 2. Drittel d. 19. Jh.
270	I·WINCKLER	Joseph WINCKLER Linz – A M 1765 † 1775
271	JOH. RABENBERG · DETERN ·	Johann RABENBERG Detern – D M 1842
272	MALMOUCHE AU MANS	Pierre MALMOUCHE Le Mans – F 1747
273	KOZAK IN·RAAB	KOZÁK Györ (Raab) – H Mitte d. 19. Jh.
274	Jacob Stad	JAKOBSTAD – FIN
275	A.W.SCHMELCKE IN HAMBURG	August Wilhelm SCHMELCKE Hamburg – D M 1844
276	I·BENHAM WIGMORE ST	J. BENHAM London – GB um 1840
277	LIEDEMANN & GÜNTHER KÖNIGSBERG	Johann Ferdinand LIEDEMANN & Friedrich Albert GÜNTHER Kaliningrad (Königsberg) – RUS M 1858
278	RIGOLIER A PARIS	RIGOLIER Paris – F 1825 – 1830

279	HENRY·WILL NEWYORK	Henry WILL New York und Albany – USA 1761 – 1793
280	L·PURCELL BACK·LANE	Laurence PURCELL Dublin – IRL Mitte d. 19. Jh.
281	S·SAVAGE BACK·LANE	Silvester SAVAGE Dublin – IRL 1788 – 1827
282	SHAW NEWCASTLE	John SHAW Newcastle – GB 1760 – 1778
283	C. Dreptin A CAMBRAY	Catherina DREPTIN Cambrai – F 1830 – 1840
284	SHEPHARD BARNSTAPLE	Nicholas SHEPHARD Barnstaple – GB 18. Jh.
285	I.SHOREY LONDON	John SHOREY Junr. London – GB Mitte d. 18. Jh.
286	M·TONKIN LONDON	Mathew TONKIN London – GB um die Mitte d. 18. Jh.
287	HOWEKRING DORPAT 1753	HOWEKRING Tartu (Dorpat) – EST M 1753 (?) – 1771
288	H.W.PETERSEN ENGELS ZINN	Hermann Wilhelm PETERSEN Tallinn (Reval) – EST B 1767 † 1798
289	SAMUEL HAMLIN	Samuel HAMLIN Providence – USA 1771 – 1801

290 James BANCKS
Wigan – GB
Mitte d. 18. Jh.

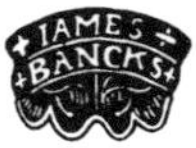

291 Roger FORD
Dublin – IRL
um d. Mitte d. 18. Jh.

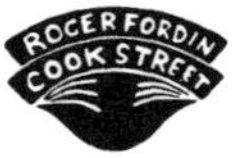

292 Anthony KING
Dublin – IRL
um die Mitte d. 18. Jh.

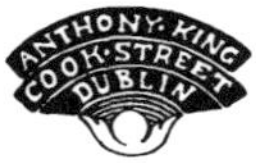

293 Christopher ROBINSON
Dublin – IRL
† 1759

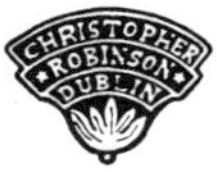

294 WATTS & HARTON
London – GB
ca. 1810 – 1860

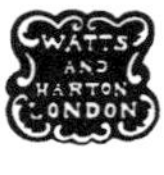

295 James YATES
Birmingham – GB
1800 – 1840

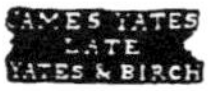

296 Georg Friedrich BRAUN
Györ (Raab) – H
1802 – 1825

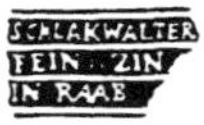

297 Carl GLAUCHE
Miskolc – H
1835 – 1842

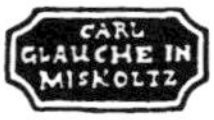

298 KINNIBURGH & SON
Edinburgh – GB
1826

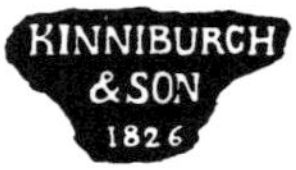

299 James SHIRLEY
Dublin – IRL
1818 – 1840

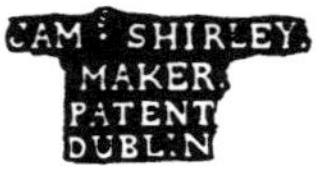

300 Samuel GREEN
Boston – USA
1779 – 1828

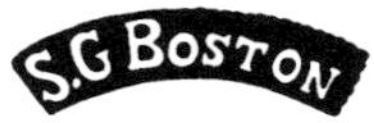

301	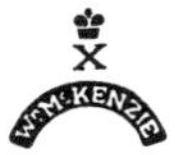	William MACKENZIE London – GB Ende d. 18. Jh.
302	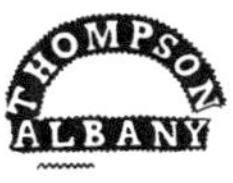	Andrew THOMPSON Albany – USA 1811 – 1817
303	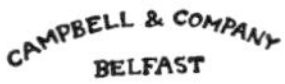	CAMPBELL & CO. Belfast – GB Mitte d. 19. Jh.
304	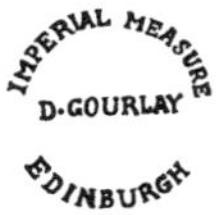	David GOURLAY Edinburgh – GB um 1800
305	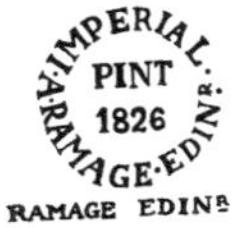	Adam RAMAGE Edinburgh – GB Mitte d. 19. Jh.
306	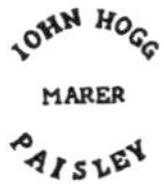	John HOGG Paisley – GB 18. Jh.
307	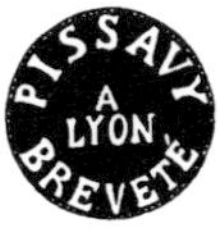	Pierre PISSAVY Lyon – F 1850
308	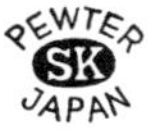	SUZUKA Suzuka – J Vom Ende der 40er Jahre d. 20. Jh.
309	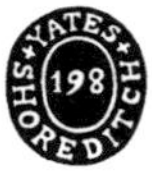	Richard YATES London – GB um 1785
310	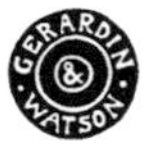	GERARDIN & WATSON London – GB 1. Hälfte d. 19. Jh

311 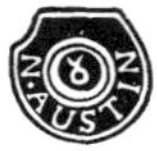 Nathaniel AUSTIN
Charleston – USA
1763 – 1807

312 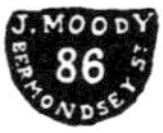 John Boucher MOODY
London – GB
1. Hälfte des 19. Jh.

313 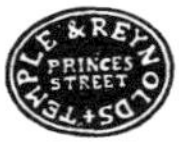 TEMPLE & REYNOLDS
London – GB
1. Hälfte d. 19. Jh.

314 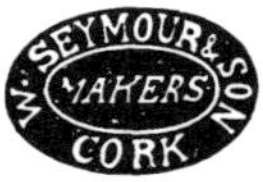 W. SEYMOUR & SON
Cork – IRL
Beginn d. 19. Jh.

315 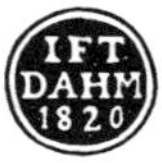 Johann Friedrich Thomas DAHM
Hamburg – D
M 1820 † 1872

316 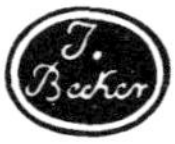 Joh. BECKER
Cheb (Eger) – CZ
1. Hälfte d. 19. Jh.

317 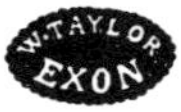 Wiliam TAYLOR
Exeter u. Bristol – GB
letztes Viertel d. 18. Jh.

318 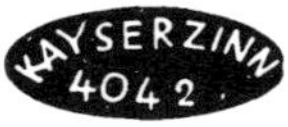 J. P. KAYSER & SOHN
Oppum bei Krefeld – D
Firma 1885 gegründet

319 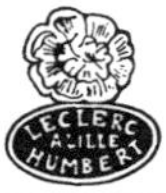 Humbert LECLERC
Lille – F
19. Jh.

320 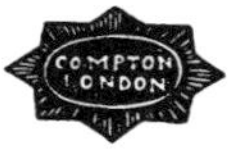 Thomas COMPTON
London – GB
Beginn d. 19. Jh

321 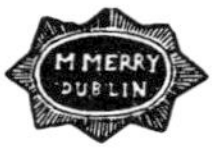 Martin MERRY
Dublin – IRL
um 1825

322	„ORIVIT"	ORIVIT Köln – D Wende 19./20. Jh.
323	„OSIRIS" 529	OSIRIS (W. Scherf & Co.) Nürnberg – D Wende 19./20. Jh.
324	Orion 213	ORION Nürnberg – D um 1900
325	LUBS PROB	Lübeckische Probe Qualitätsmarke, die den Lübecker Gesetzen entspricht, aber auch in anderen Städten angewandt wird (z. B. in den wendischen)
326	SALINA	SALINA & CIE Paris – F 1857 – 1865
327	ГП	Meister G P Moskwa (Moskau) – RUS ca. 1730
328	ЦМПТ	Meister C M P T Moskwa (Moskau) – RUS 18. Jh.
329	MOSKOV	MOSKOW Moskwa (Moskau) – RUS 18. Jh.
330	Ц·М·ИВАНОВЪ·	S. IWANOW Moskwa (Moskau) – RUS um 1730
331	М·СЕМЕНЪ ИВАНОВЪ	Semen IWANOW Moskwa (Moskau) – RUS um 1756
332	МЦМ ИВАН	Meister IWAN Moskwa (Moskau) – RUS um 1730

333	GREGORI. BARANOF.	Gregori BARANOF Moskwa (Moskau) – RUS um 1765
334	М·IВАНЪ ОСIПОВЪ	Iwan OSIPOW Moskwa (Moskau) – RUS 18. Jh.
335	М·ЯКОВА ОСIПОВА	Jakow OSIPOW Moskwa (Moskau) – RUS um 1750
336	М·ДВДЪ ·ОСIП·ОВЪ	David OSIPOW Moskwa (Moskau) – RUS 1730 – 1745
337	М.УСТИНЪ ПЕТРОВЪ.	Ustin PETROW Moskwa (Moskau) – RUS um 1732
338	М·IОВЪ·ВА СИЛЬЕВЪ	Jow WASILJEW Moskwa (Moskau) – RUS um 1725
339	М*МОСК ОВСКОЙ	MOSKOWSKOI Moskwa (Moskau) – RUS 18. Jh.
340	М·ПЕТРЬ· ·ѲЕДОРОВЪ	Petr FEDOROW Moskwa (Moskau) – RUS um 1765
341	М·АНТИПЪ ИВАНОВЪ	Antip IWANOW Moskwa (Moskau) – RUS um 1730
342	МРАМАНЪ IВАНОВЪ	Roman IWANOW Moskwa (Moskau) – RUS um 1750
343	МАНДРЕЯНЪ ЗАХАРОВЪ.	Andrejan ZAHAROW Moskwa (Moskau) – RUS um 1742

344	Stepan WASILJEW Moskwa (Moskau) – RUS 1725
345	Iwan IWANOW Moskwa (Moskau) – RUS 1758 – 1775
346	Stepan WASILJEW I. Moskwa (Moskau) – RUS um 1730
347	Iwan MICHAJLOW Moskwa (Moskau) – RUS um 1795
348	Parfen REPIN Moskwa (Moskau) – RUS um 1775
349	Andrei LUKIJANOW Moskwa (Moskau) – RUS um 1775
350	Nikolai NIKIFOROV Moskwa (Moskau) – RUS um 1725
351	Fedor JANISOWSKOI Moskwa (Moskau) – RUS 18. Jh.
352	Iwan ZOTOW Moskwa (Moskau) – RUS 1775
353	Iwan TSCHEMEZAW Moskwa (Moskau) – RUS um 1785
354	Stepan WASILJEW III. Moskwa (Moskau) – RUS um 1745

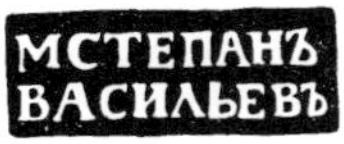

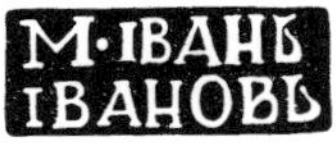

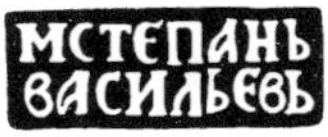

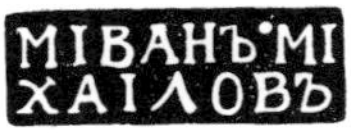

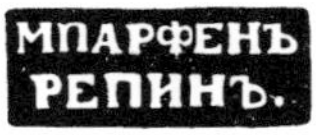

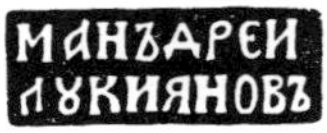

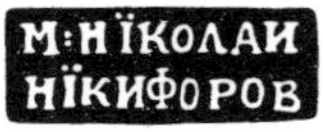

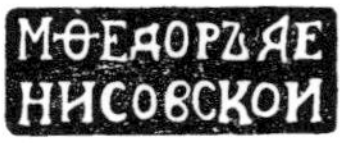

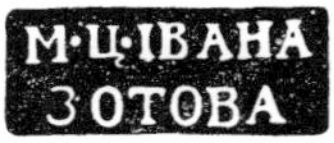

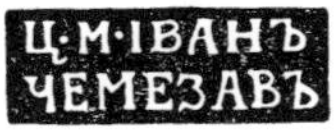

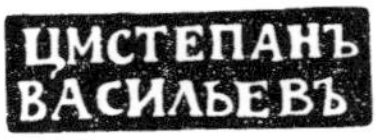

355	Ilja IWANOW Moskwa (Moskau) – RUS 1. Viertel d. 18. Jh.
356	Iwan SKOBNIKOW Moskwa (Moskau) – RUS um 1725
357	Timofei BOSHENOW Moskwa (Moskau) – RUS um 1735
358	Alexei JEGOROW Moskwa (Moskau) – RUS 18. Jh.
359	Kozma JERMOLAEW Moskwa (Moskau) – RUS um 1740
360	Wasili MAKEIEW Moskwa (Moskau) – RUS um 1750
361	Wasili MAKIOW Moskwa (Moskau) – RUS um 1725
362	Semen REMEZOW Moskwa (Moskau) – RUS um 1765
363	Antip OSIPOW Moskwa (Moskau) – RUS um 1765
364	Andrei ANTONOW Moskwa (Moskau) – RUS 1735 – 1762
365	Petr TRAFIMOV Moskwa (Moskau) – RUS um 1742

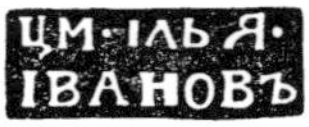

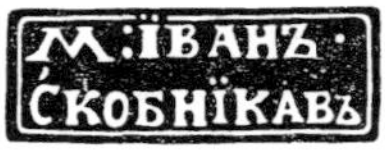

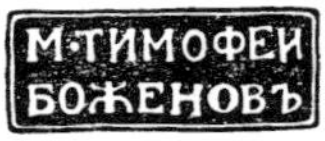

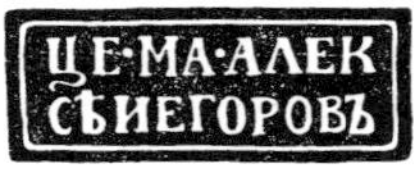

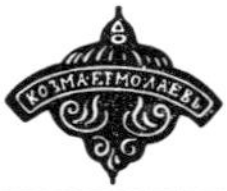

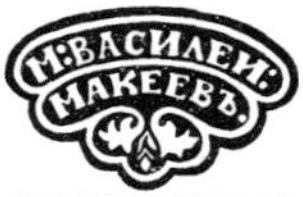

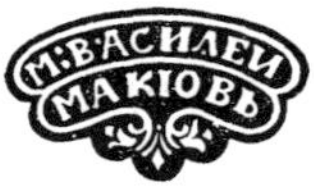

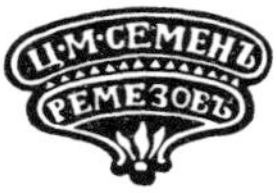

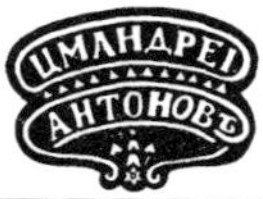

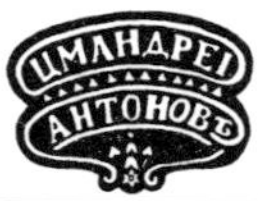

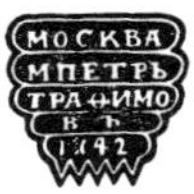

366 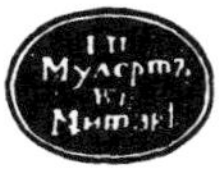 J. P. MUHLERT
Jelgawa (Mitau) – LV
1791 – 1825

---

367 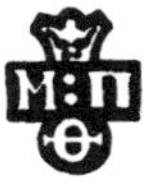 Petr FEDOROW
Moskwa (Moskau) – RUS
um 1765

---

368 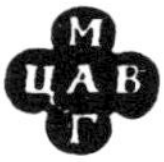 Meister A V G
Moskwa (Moskau) – RUS
um 1725
(wahrscheinlich Markenzeichen d. älteren, beaufsichtigenden Meister)

---

369 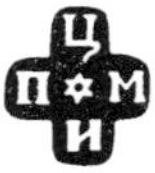 Meister I P
Moskwa (Moskau) – RUS
1741 – 1762

---

370 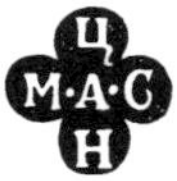 Meister A S N
Moskwa (Moskau) – RUS
um 1725

---

371 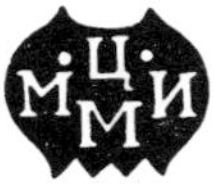 Iwan MICHAJLOW
Moskwa (Moskau) – RUS
um 1795

---

372 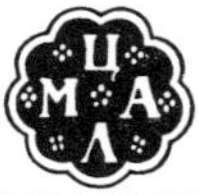 Andrei LUKIANOW
Moskwa (Moskau) – RUS
um 1745

---

373 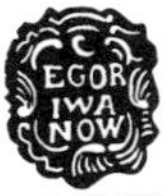 Jegor IWANOW
Moskwa (Moskau) – RUS
um 1750

---

374 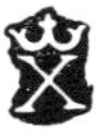 CHAUMETTE
Paris – F
von 1887

---

375 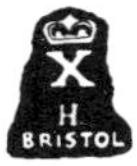 George HAYTER
Bristol – GB
2. Hälfte d. 18. Jh.

---

376 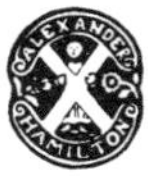 Alexander HAMILTON
London – GB
1. Hälfte d. 18. Jh.

377 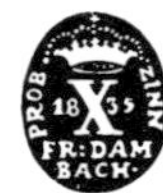

Franz DAMBACH
Sibiu (Hermannstadt) – RO
1835 – 1855

Menschliche Figuren und deren Teile einschließlich der allegorischen Figuren usw.

378 CHOJNA (KÖNIGSBERG IN DER NEUMARK) – PL

---

379 LAUINGEN – D

---

380 STOCKHOLM – S

---

381 MÜNCHEN – D

---

382 TEPLICE (TEPLITZ) – CZ

---

383 Johann Ernst KOEHLER
Husum – D
M 1742 † 1798

---

384 James EXCELL
London – GB
1. Hälfte d. 18. Jh.

---

385 Jean Baptiste GONIN
Lyon – F
18. Jh.

---

386 Carl Christoph EBERHARD
Heidenheim – D
M 1838 † 1853

Nr.	Marke	Angaben
387	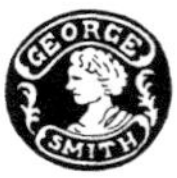	George SMITH London – GB 1. Viertel d. 18. Jh.
388	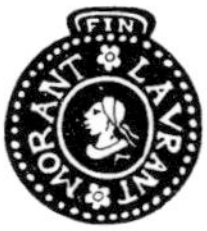	Laurent MORANT Lyon – F um 1700
389	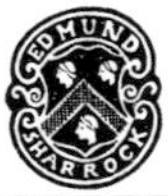	Edmund SHARROCK London – GB 2. Viertel d. 18. Jh.
390	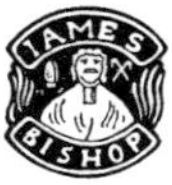	James BISHOP London – GB 1. Viertel d. 18. Jh.
391	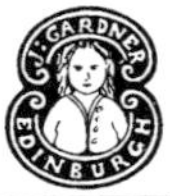	John GARDNER Edinburgh – GB 3. Viertel d. 18. Jh.
392	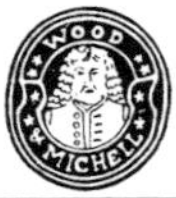	WOOD & MITCHELL London – GB vor Mitte d. 18. Jh.
393	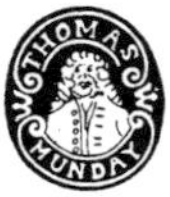	Thomas MUNDAY London – GB nach Mitte d. 18. Jh.
394	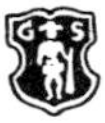	Georg SCHEYMANN Jelgava (Mitau) – LV M 1735 † 1775
395	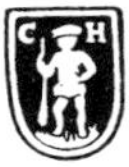	Christian HENTZE Eberswalde – D M 1740
396	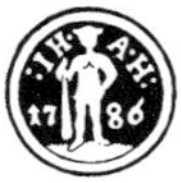	Johann Hinrich Andreas HÜTTMANN Heide – D M 1786 † vor 1817
397	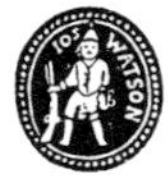	Joseph WATSON London – GB 1. Viertel d. 18. Jh.

398		Richard ALDERWICK London – GB 1775
399		Williams GIBBS London – GB Beginn d. 19. Jh.
400		Hinrich TIEDEMANN Lübeck – D M 1776 † 1812
401		Daniel Hinrich TIEDEMANN Lübeck – D B 1804 † 1848
402		Jonathan BONKIN London – GB Beginn d. 18. Jh.
403		Johann Heinrich KAYSER Stargard Szczeciński (Stargard) – PL M 1718 † 1762
404		Benedict WIDTMANN Regensburg – D B 1691 † 1739
405		Philipp Friedrich MAIER Reutlingen – D *1733 † 1786
406		Jeremias BIEDERMANN Wrocław (Breslau) – PL M 1635 † 1673
407		Christian Gottlieb POHLMANN Schwerin – D M 1730 † 1766
408		Daniel Gottlob REINHARD Zittau – D M 1773 † 1806

409 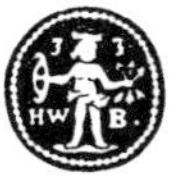 Hans Wilhelm BOLDT
Lübeck – D
B 1740 † 1758

410 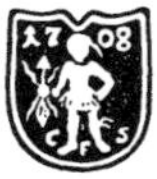 Carl Friedrich SCHWARZ
Glauchau – D
M 1765 † 1806

411 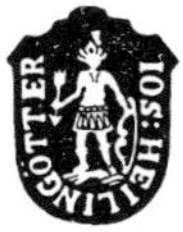 Joseph HEILLINGÖTTER
Karlovy Vary (Karlsbad) – CZ
18. Jh.

412 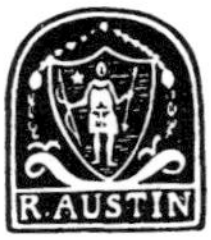 Richard AUSTIN
Boston – USA
1793 – 1818

413 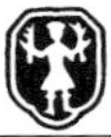 BLAUBEUREN – D

414 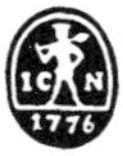 Johann Christoffer NEUMANN
Bergen – D
M 1776

415 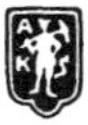 Abraham KUPFERSCHMIDT
Tallinn (Reval) – EST
1758 – 1797

416 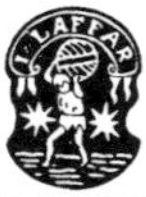 John LAFFAR
London – GB
1. Viertel d. 18. Jh.

417 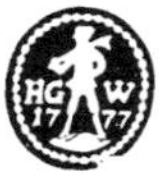 Hinrich Gottfried WELLMANN
Hamburg – D
M 1777 † 1817

418 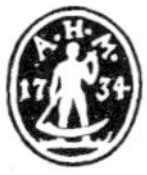 Andreas Heinrich MEYER
Celle – D
B 1731 † 1772

419 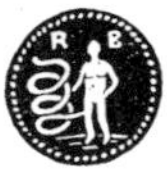 Richard BOWLER
London – GB
nach Mitte d. 18. Jh.

420	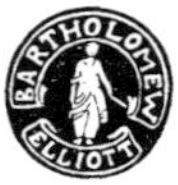	Bartholomew ELLIOT London – GB 2. Viertel d. 18. Jh.
421	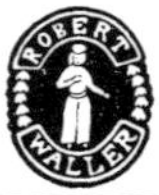	Robert WALLER London – GB letztes Viertel d. 18. Jh.
422	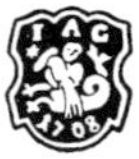	Johann Adolf GOSSE Pirna – D M 1706 † 1758
423	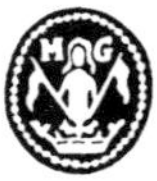	Martin GEISSLER Ścinawa (Steinau) – PL von Mitte d. 18. Jh. † 1766
424	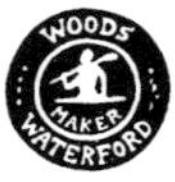	Samuel WOODS Waterford – IRL 1820 – 1840
425	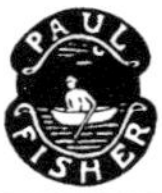	Paul FISHER London – GB 1798 † 1837
426	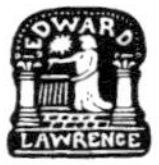	Edward LAWRENCE London – GB 1. Viertel d. 18. Jh.
427	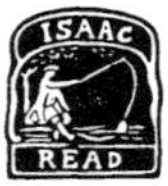	Isaac READ London – GB Mitte d. 18. Jh
428	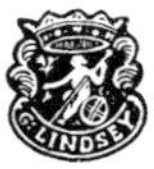	Greenhill LINDSEY London – GB 1. Viertel d. 18. Jh.
429	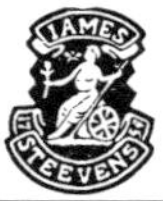	James STEEVENS London – GB Mitte d. 18. Jh.
430	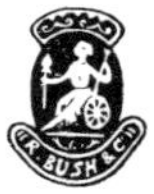	Robert BUSH & CO. Bristol und Bilton – GB Ende d. 18. Jh.

431 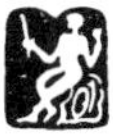 Kosma JERMOLAEW
Moskwa (Moskau) – RUS
um 1740

432 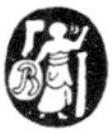 Anton Christian BEATHON
Stade – D
*1769 † 1855

433 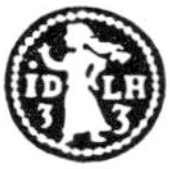 Johann Daniel LANCKHAR
Lübeck – D
B 1761 † 1782

434 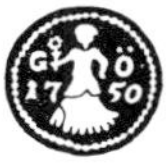 Georg ÖTZMANN
Lüneburg – D
M 1750 † 1763

435 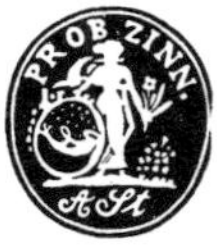 Alexander STAEHLE
Urach – D
*1803 † 1886

436 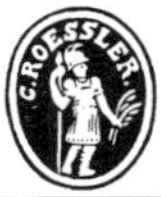 Carl Wilhelm ROESSLER
Bautzen – D
M 1819 – 1861

437 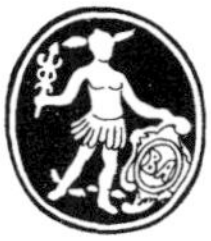 Heinrich Burchardt ALSLEBEN
Zittau – D
M 1763 † 1800

438 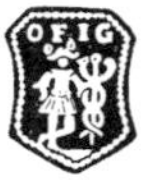 Otto Friedrich GROTH
Brzeg (Brieg) – PL
M 1792 † nach 1822

439 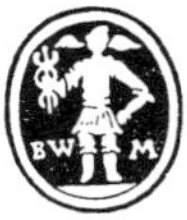 Balthasar Wilhelm MÜLLER
Glogów (Glogau) – PL
1781 – 1809

440 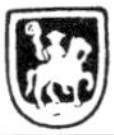 WURZEN – D

441 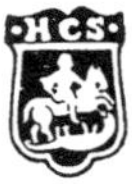 Hans Conrad SCHNEWLI
Stein am Rhein – CH
1734 – 1768

442	Wilhelm Friedrich JÜRGENSEN Rendsburg – D M 1780
443	HEIDE –D
444	William HOWARD London – GB Mitte d. 18. Jh.
445	Peter le KEUX London – GB letztes Viertel d. 18. Jh.
446	Anton NUSSMANN Marktbreit – D M 1812 † vor 1824
447	DZIERŻONIÓW (REICHEN- BACH) – PL
448	Ernst Matthaeus WASSERMANN Ulm – D M 1786 (?) † 1831
449	CURTIS & CO. Bristol – GB um 1800
450	James CURTIS Bristol – GB 1770 – 1793
451	P. EDGAR & SON Bristol – GB Mitte d. 19. Jh.
452	GRYFÓW ŚLĄSKI (GREIFFEN- BERG) – PL
453	FRAUENFELD – CH

454		Johann George ELIAS Kuldiga (Goldingen) – LV B 1774 † 1800
455		Friedrich Ferdinand MADAME Freiburg (Brsg.) – D 1735 † 1773
456		T. & W. WILLSHIRE Bristol – GB um 1800
457		John HINDE London – GB 2. Hälfte d. 18. Jh.
458		John Gray GREEN London – GB Ende d. 18. Jh.
459		Carl Adolph BÖHMER Pirna – D M 1823 – 1860
460		Johann SCHARNING d. J. Kołobrzeg (Kolberg) – PL M 1690 † 1731
461		Christian Wilhelm HOHENNER Wunsiedel – D letztes Drittel d. 18. Jh. † 1803
462		Baltazar ROKUS Arboga – S 1743 – 1788
463		Christian WEHLING d. J. Neumünster – D M 1694 (?) †1773
464		Friedrich Ernst FINCK Güstrow – D M 1757 † 1797

465		Johann Jacob FINCK Güstrow – D M 1798 † 1831
466		Jochim Jacob KRUMBÜGEL Güstrow – D M 1774 † nach 1830
467		Hans KRETSCHMER Świdnica (Schweidnitz) – PL M 1672 † 1715
468		Wilhelm Gotth. FISCHER Prenzlau – D M 1803
469		Johann Christoph SCHULTZ Havelberg – D M 1801
470		Hans POPSEN Tønder (Tondern) – DK M 1721
471		Peter SCHERFFENBERG Flensburg – D M 1734
472		HEIDE – D
473		Georg KLOSE Opava (Troppau) – CZ † 1690
474		Johann George WILDNER Dzierżoniów (Reichenbach) – PL M 1732 (?) † 1768
475		Tiedemann Hinrich STELLING Hamburg – D M 1789 † 1815

476	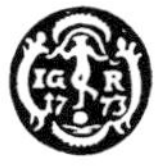	Johann Gottlob ROESLER Zittau – D M 1773 † 1802
477	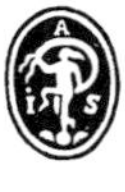	Johann Albertus SCHULTZE Wrocław (Breslau) – PL B 1735 † 1770
478	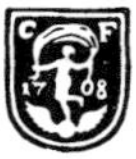	Carl Friedrich LOTH Plauen – D B 1752 † 1806
479	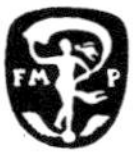	Friedrich Menzo PULß Oleśnica (Oels) – PL M 1718 (?) † vor 1761
480	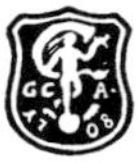	George Christlieb ASSMANN Altenberg – D M 1740 † 1771
481	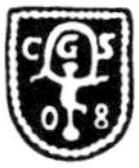	Christian Gotthold SCHERFIG Zwickau – D M 1780
482	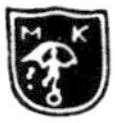	Michael KAYSER Riga – LV B 1715 † 1760
483	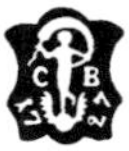	Christoph BERGER Brzeg (Brieg) – PL M 1727 † 1746
484	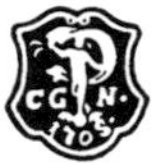	Carl Gottlieb NEUMANN Dresden – D M 1774 † 1795
485	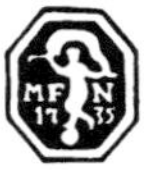	Melchior Friedrich NIERÖSE Gorzów Wielkopolski (Landsberg / Warthe) – PL M 1735 † 1769
486	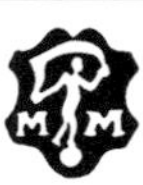	Marcus MAULINY Prešov (Eperies) – SK B 1787

Nr.	
487	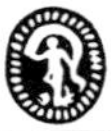 GLÜCKSTADT – D
488	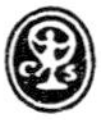 Meister C S Tallinn (Reval) – EST 1. Hälfte d. 18. Jh.
489	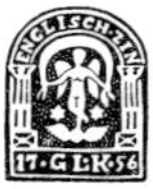 Gottlieb Leberecht KRAEFT I. Hamburg / Altona – D M 1755 – 1802
490	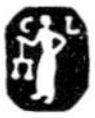 Meister C L Jelgava (Mitau) – LV 1829 – 1835
491	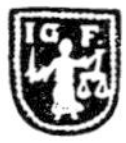 Johann Gottlob FLACH Eibenstock – D M vor 1763 † um 1789
492	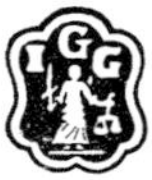 Johann Gottfried GROSSMANN Bautzen – D M 1775
493	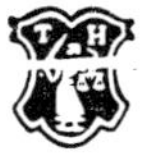 Rosina HAHN (Witwe nach Tobias Hahn) Legnica (Liegnitz) – PL (Markenzeichen ab 1720)
494	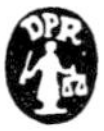 Meister D P R Košice (Kaschau) – SK 18. Jh.
495	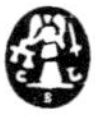 Christian Ludwig BEINDORF Frankfurt a. M. – D 1. Drittel d. 19. Jh. – † 1836
496	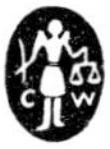 Christoph WALDNER Mulhouse (Mülhausen) – F 1757 – 1827
497	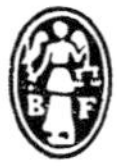 Johann BAPTIST d. J. (?) Mainz – D 1874 – 1891

498		Johann Christian IBERT Strzelin (Strehlen) – PL M 1751 (?) † 1805
499		Hans Rudolf MANZ Zürich – CH *1771 † 1829
500		Johann Georg NEEFF Frankfurt a. M. – D M 1770 † 1802
501		Johann Siegfried METZEL Wittstock – D M 1772
502		Johann George STIER Tallinn (Reval) – EST B 1720 † 1767
503		Johann Carl Daniel SAEDLER Tartu (Dorpat) – EST B 1789 † 1810
504		Martin RUCKERT Würzburg – D M 1821 – 1853
505		Ludwig FELDMETH Karlsruhe – D M 1817 † 1869
506		Jacques Frédéric BORST Strasbourg (Straßburg) – F 1769 – 1810
507		Johann Ernst RAEDER Gorzów Wielkopolski (Landsberg / Warthe) – PL M 1779 – 1798
508		Christian August THIEME Chemnitz – D M 1776 – Beginn d. 19. Jh.

509 Johann Gottfried GEELHAAR
Meißen – D
M 1781 – 1810

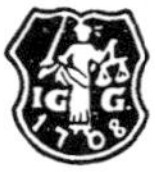

510 BRANDMÜLLER
Aschaffenburg – D
von 1898

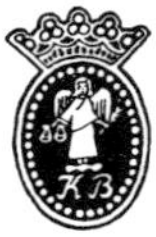

511 Abraham KUPFERSCHMIDT
Tallinn (Reval) – EST
M 1758 – 1797

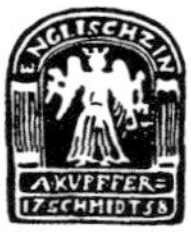

512 George STIER
Tallinn (Reval) – EST
M 1763 † 1781

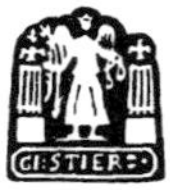

513 Hermann Wilhelm PETERSEN
Tallinn (Reval) – EST
B 1767 † 1798

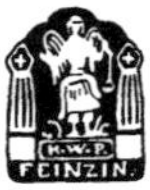

514 HOWEKRING
Tartu (Dorpat) – EST
M 1753 (?) – 1771

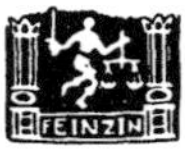

515 Johann Sebastian STIER
Tallinn (Reval) – EST
M 1744 † 1779

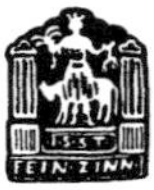

516 Peter WITTORF
Hamburg – D
M 1843 † 1878

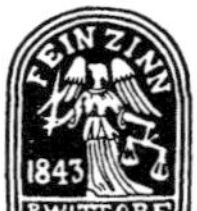

517 Georg Friedrich BRAUN
Györ (Raab) – H
1802 – 1825

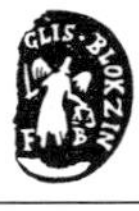

518 Dietrich Jacob TRIPPE
Soest – D
† 1786

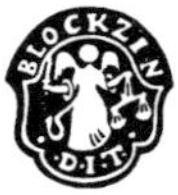

519 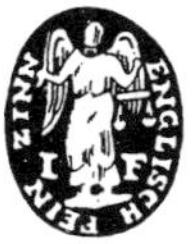 Johann FAUSER
Budapest – H
M 1805

520 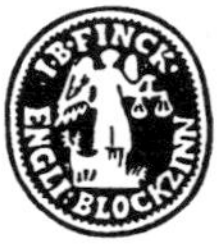 Johann Baptist FINCK d. Ä.
Mainz – D
3. Viertel d. 19. Jh.

521 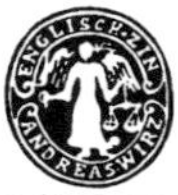 Andreas WIRZ II.
Zürich – CH
*1767 † 1813

522 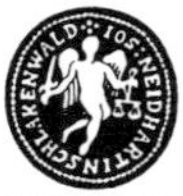 Josef NEIDHARDT
Horní Slavkov (Schlaggenwald) – CZ
1. Hälfte d. 19. Jh.

523 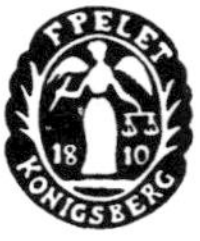 Friedrich PELET
Kaliningrad (Königsberg) – RUS
M 1798
(Markenzeichen ab 1810 verwendet)

524 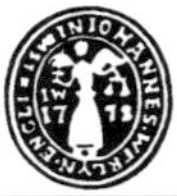 Johann WERLIN
Marburg – D
*1752 † 1799

525 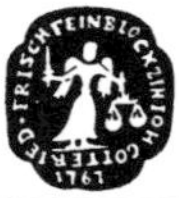 Johann Gottfried FRISCH
Marburg – D
M 1767 (?) † 1797

526 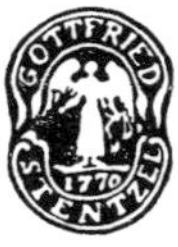 Gottfried STENZEL
Jelgava (Mitau) – LV
M 1770 † 1795

527 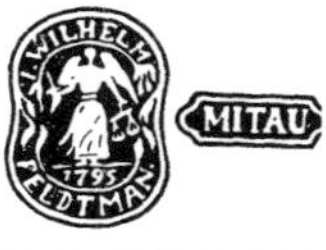 Johann Wilhelm FELDTMANN
Jelgava (Mitau) – LV
1795 – 1826

528 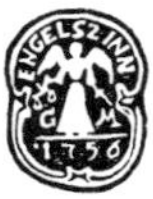 Gottfried MARTINI
Lijepaja (Libau) – LV
1756

529 Johannes Jonas WERLIN
Marburg – D
M 1732 (?) † 1790

530 Benjamin FALCK
Pärnu (Pernau) – EST
1783 † 1808

531 Johann Gottfried Wilhelm
FRIESENDORFF
Jelgava (Mitau) – LV
1769 – 1794

532 Wasili SKWARZOW
Moskwa (Moskau) – RUS
um 1765

533 Gregori BARANOFF
Moskwa (Moskau) – RUS
um 1765

534 Joh. Matthäus WERLIN
Marburg – D
M 1744 † 1777

535 Joh. Jacob ISENHEIM
Strasbourg (Straßburg) – F
M 1762 † 1797

536 Johann Matthias AICHINGER
Weiden – D
B 1834 † 1884

537 Christian KRÄMER
Marburg – D
M 1800 † 1849

538 Christian Ludwig BEINDORF
Frankfurt a. M. – D
1. Drittel d. 19. Jh. † 1836

539 Anton Ludwig SEIDEL
Marburg – D
M 1830 † um 1865

540 Arthur CHAUMETTE
Paris – F
ab 1887

541 Johann Conrad GRÜNEWALD
Bayreuth – D
M 1816 (?) † 1862

542 Georg Nicolas ZEITLER
Bayreuth – D
M 1844

543 Johann Gerhard ECKHOLT
Haselünne – D
*1808 – 2. Hälfte d. 19. Jh.

544 R. MEYER
Jelgava (Mitau) – LV
– 1862

545 John JONES Jun.
London – GB
† 1783

546 Hermann Adrian STRÜVE
Osnabrück – D
1716 † 1758

547 Joseph LUTZ
Česká Lípa (Böhmisch Leipa) – CZ
M 1795

548 Johann Wilhelm PLAGEMANN
Hamburg / Altona – D
M 1820 † 1859

549		Christian KRÄMER Marburg – D M 1800 † 1849
550		Meister B I Grobinja – LV 1703 –
551		Friedrich Christian PETERS Varel – D *1828 † 1882
552		Philippus GÖRDES Soest – D 2. Hälfte d. 18. Jh.
553		Johann Diedrich SIEFKEN Westerstede – D 1. Hälfte d. 19. Jh.
554		Niklaus UEBELIN II. Basel – CH 1. Hälfte d. 18. Jh. † 1756
555		Philippe DOLFUS Mulhouse (Mülhausen) – F 1718 – 1754
556		Carl Georg BÜTTNER Hamburg / Altona – D M 1781
557		Christian Bitter THIER Dortmund – D 1763 –
558		Carl VOIGT Oldenburg – D M 1809 † 1865
559		Johann Christian MECKSEPER Hamburg – D M 1738

560	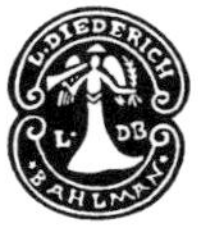	Lübbert Diedrich BAHLMANN Quakenbrück – D *1710 – 3. Viertel d. 18. Jh.
561	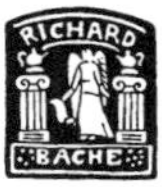	Richard BACHE London – GB letztes Viertel d. 18. Jh. – Beginn d. 19. Jh.
562	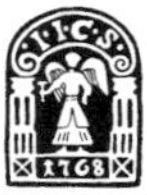	Johann Jürgen Christoph SOMMER Hamburg – D M 1768 † 1797
563	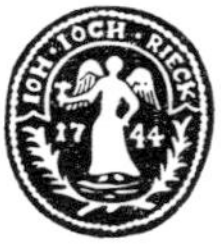	Johann Jochim RIECK Hamburg / Altona – D M 1744
564	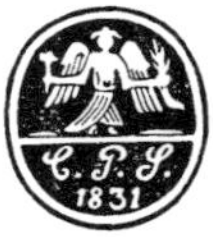	Claus Peter SCHWEEN Hamburg / Altona – D M 1831
565	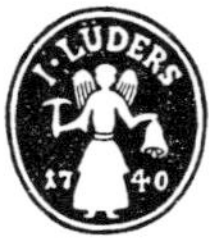	Johann LÜDERS Hamburg – D M 1740 † vor 1771
566	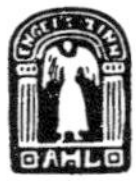	Adam Heinrich LUKAFFSKY Jelgava (Mitau) – LV 1757 – 1779
567	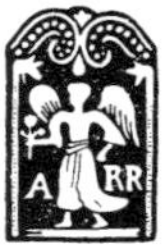	Anton Rudolph REGELER Hamburg / Altona – D B 1757
568	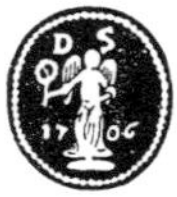	Daniel SCHUBERT Angermünde – D M 1706

569	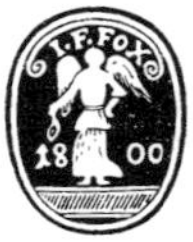	Jacob Frantz FOX Braniewo (Braunsberg) – PL M 1800
570	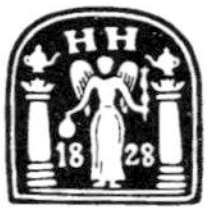	Heinrich Cornelius Martin HAGELSTEIN Hamburg – D M 1828 † 1845
571	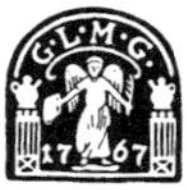	Georg Lambert Matthias GRAVE Hamburg – D *1767 † vor 1792
572	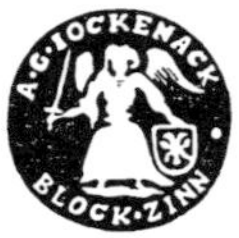	Andreas Goswin JOCKENACK Dortmund – D 1724 – 1775
573	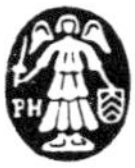	Peter Heinrich HEISING Bielefeld – D um 1780
574	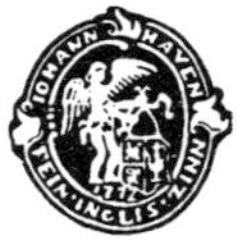	Johann HAYEN III. Riga – LV M 1772 † 1821
575	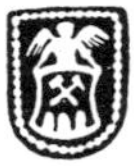	KUTNÁ HORA (KUTTENBERG) – CZ
576	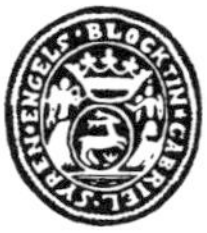	Gabriel SYREN Frankfurt a. M. – D M 1727
577	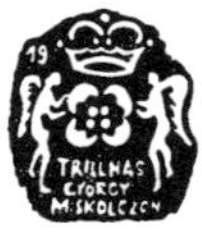	György TRILLHAS Miskolc – H 1800 – 1844

578	Joseph Andreas ZAMPONI II. Leoben – A M 1792 † 1837
579	Friedrich KEGEMANN Soest – D 1809 – † 1816
580	Abraham KUPFERSCHMIDT Tallinn (Reval) – EST 1758 – 1797
581	John KING London – GB 2. Hälfte d. 18. Jh.
582	Michael SCHÜTT d. J. Elmshorn – D M 1765
583	John DAVIS London – GB 1. Hälfte d. 18. Jh.
584	Max HEDIGER Zürich – CH ab 1851
585	Caspar Heinrich TIARKS Jever – D B 1797 † 1843
586	Johann Hinrich TIARKS I. Jever – D *1723 † 1804
587	Johann Wilhelm WAGENER Esens – D M 1795 † 1821
588	Wesel Joseph BRINKMANN Cloppenburg – D *1779 † 1862

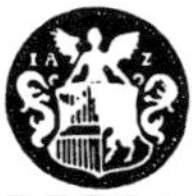

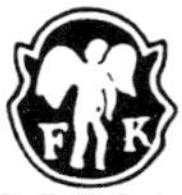

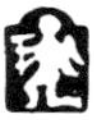

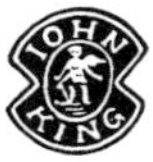

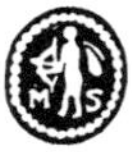

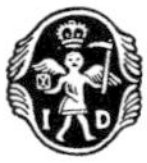

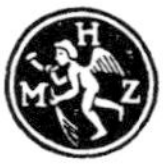

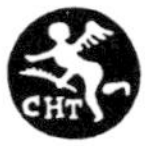

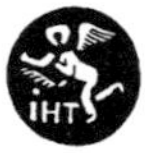

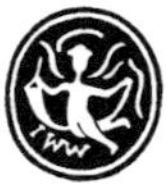

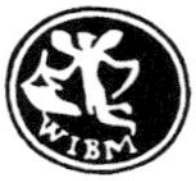

589 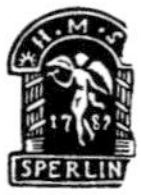 Hans Michelsen SPERLING
København (Kopenhagen) – DK
M 1782

590 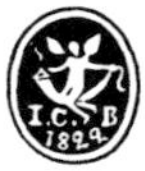 Jacob Conrad BOHNEKAMP
Neustadtgödens – D
1. Hälfte d. 19. Jh.

591 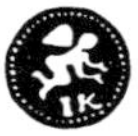 Jan KLINT
Leer – D
*1800 – 1872

592 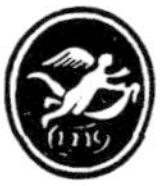 Johannes Jansen KANNENGIESSER
Esens – D
*1724 – 1779

593 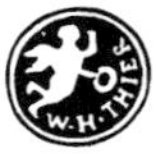 Wilhelm Henrich THIER
Dortmund – D
*1767 † 1822

594 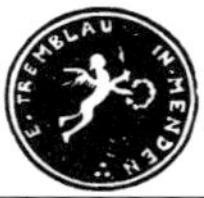 Eberhard TREMBLAU
Menden – D
1807 – † 1843

595 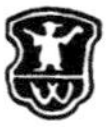 Borchart WALDIS
Riga – LV
M 1526 – 1537 † 1557

596 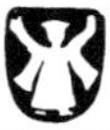 MÜNCHEN – D
17. Jh.

597 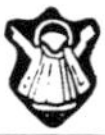 MÜNCHEN – D

598 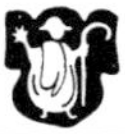 LINKÖPING – S

599 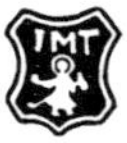 Johann Michael THOMAS
Pärnu (Pernau) – EST
B 1751 – 1761

600 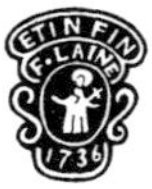 François LAINÉ
Paris – F
M 1736

601	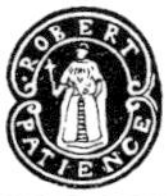	Robert PATIENCE London – GB 2. Drittel d. 18. Jh. – 1777
602		REICHENBACH – D
603	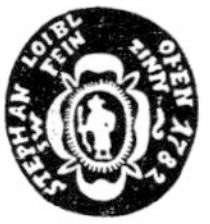	Stephan LOIBL Budapest – H 1768 – 1787 (Markenzeichen ab 1782 verwendet)
604	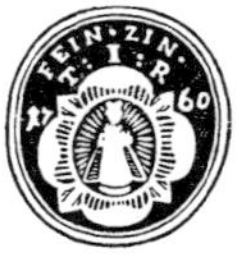	Tomáš RIXY Praha / Malá Strana (Prag – Kleinseite) – CZ M 1760 † 1804
605	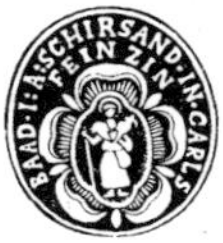	I. A. SCHIRSAND Karlovy Vary (Karlsbad) – CZ 18. Jh.
606	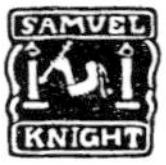	Samuel KNIGHT London – GB Beginn d. 18. Jh.
607	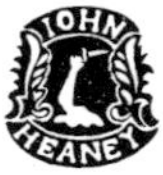	John HEANEY Dublin – IRL 2. Hälfte d. 18. Jh.
608	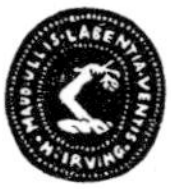	Henry IRVING London – GB 1750
609	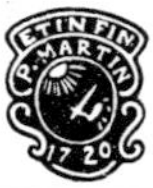	Pierre MARTIN Paris – F 1720
610	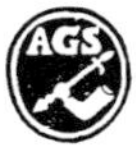	Adam Gottlieb SPIESS Szprotawa (Sprottau) – PL 1786 † 1821

611	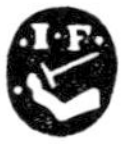	Isaac FAUST Strasbourg (Straßburg) – F 1623 – 1669
612	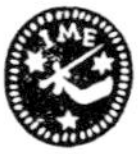	Johann Michael EMMERICH Strasbourg (Straßburg) – F M 1705 † 1753
613	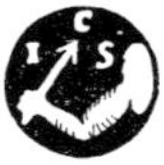	Johann Carl SPIESS Zagań (Sagan) – PL M 1778 † 1802
614	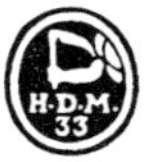	Hermann Daniel MEYER Lübeck – D B 1782 – 1823
615	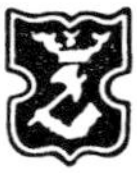	NORRKÖPING – S
616	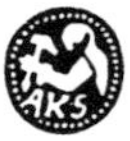	Abraham KUPFERSCHMIDT Tallinn (Reval) – EST 1758 – 1797
617	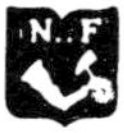	Nils Christophersson FORSS Västerås – S 1740 – 1786
618	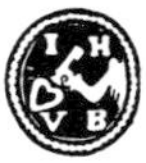	Johann Hinrich von BREMEN Plön – D M 1717 (?) † 1761
619	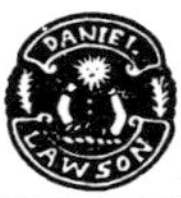	Daniel LAWSON London – GB um Mitte d. 18. Jh.
620	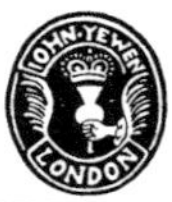	John EWEN London – GB nach 1700
621	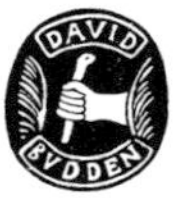	David BUDDEN London – GB Beginn d. 18. Jh.

622	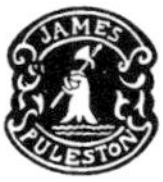	James PULESTON London – GB Mitte d. 18. Jh.
623	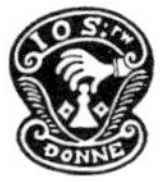	Joseph DONNE London – GB 2. Viertel d. 18. Jh.
624	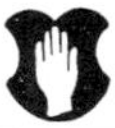	MEDIAŞ – RO
625	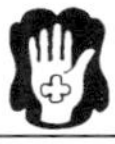	SCHWÄBISCH HALL – D
626	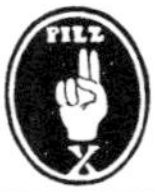	Traugott Friedrich August PILZ Freiberg – D M 1811 – 1843
627	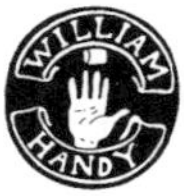	William HANDY London – GB 18. Jh.
628	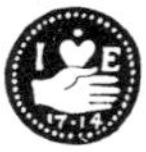	James EVERETT London – GB 1. Hälfte d. 18. Jh.
629	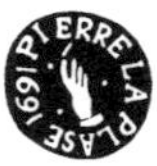	Pierre LAPLACE Château du Loire – F 1691
630	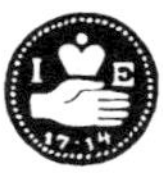	James EVERETT Philadelphia – USA 1716 – 1717
631	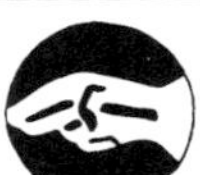	Zeichen des Patriarchen- hofstaates – RUS
632	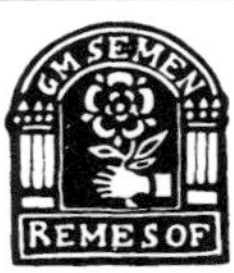	Semen REMESOW Moskwa (Moskau) – RUS um 1765
633	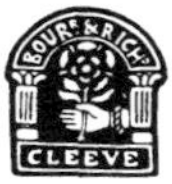	Bourchier & Richard CLEEVE London – GB um 1754

Nr.	Angaben
634	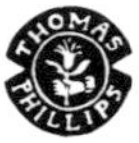 Thomas PHILLIPS London – GB ab Ende d. 18. Jh. † 1849
635	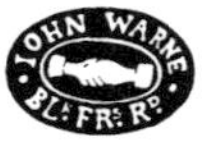 John WARNE London – GB Ende d. 18. Jh.
636	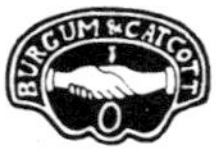 BURGUM & CATCOTT Bristol und Littledean, Glocs. – GB um 1765
637	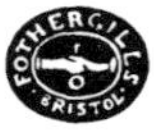 M. FORTHERGILL & Sons Bristol – GB Ende d. 18. Jh.
638	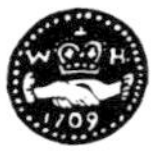 William HITCHINS London – GB 2. Hälfte d. 18. Jh. (die Zahl im Zeichen bezieht sich sicher auf das Gründungsjahr der Firma)
639	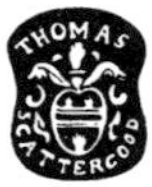 Thomas SCATTERGOOD London – GB 18. Jh.

Tiere

Nr.	Angaben
640	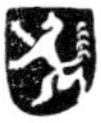 WASSERBURG a. Inn – D
641	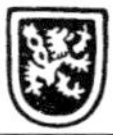 HARBURG a. d. Elbe – D
642	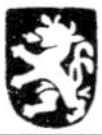 GRAZ – A
643	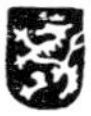 GRAZ – A
644	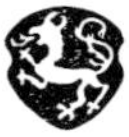 STEYR – A

645	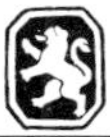 PEGAU – D
646	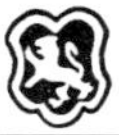 MITTWEIDA – D
647	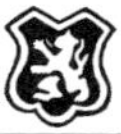 KŁODZKO (GLATZ) – PL
648	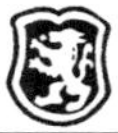 STEYR – A
649	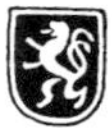 HORNÍ SLAVKOV (SCHLAGGEN-WALD) – CZ 17. Jh.
650	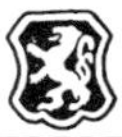 CHEMNITZ – D
651	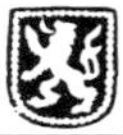 FREIBERG – D
652	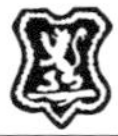 GÖRLITZ – D
653	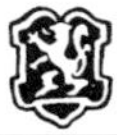 GÖRLITZ – D
654	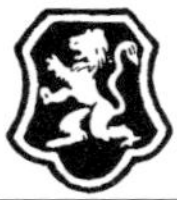 LÖBAU – D
655	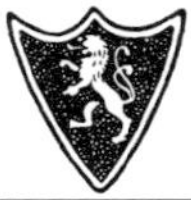 SAYDA – D
656	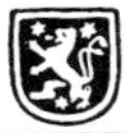 OSCHATZ – D
657	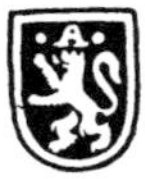 AUERBACH – D
658	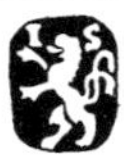 Joseph SEIFF Wasserburg a. Inn – D B 1795 – 1818

659	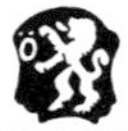	OELSNITZ – D
660	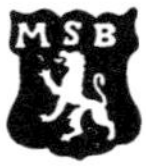	Magnus SÖDERBERG Stockholm – S M 1716 – 1748
661	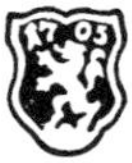	LEONBERG – D nach 1705
662	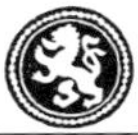	LÜNEBURG – D
663	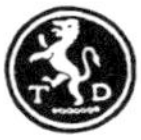	Thomas DANFORTH Stepney, Connecticut und Philadelphia, Pennsylvania – USA 1777 – 1818
664	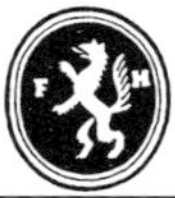	Franz HÖFLER Passau – D 1784 – 1816
665	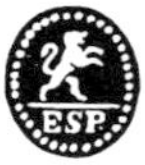	Johann Friedrich SPEISER Kirchheim – D *1803 † 1882
666	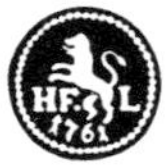	Hans Friedrich LÖWE Kiel – D M 1761 † 1806
667	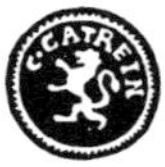	Christian CATHREIN Amöneburg – D * um 1789 † 1855
668	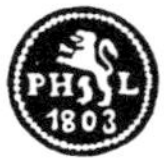	Peter Hinrich LÖWE Kiel – D M 1803 † 1848
669	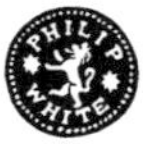	Philip WHITE London – GB letztes Viertel d. 18. Jh.
670	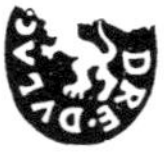	André DULAC Le Puy-en-Velay – F um 1750

671 Antoine FANON
Lyon – F
18. Jh.

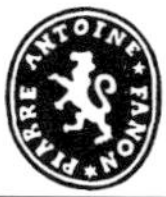

---

672 Joseph RABAYET
Clermont-Ferrand – F
Ende d. 18. Jh.

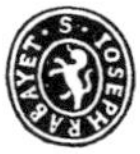

---

673 John HOSKYN
Truro – GB
um 1750

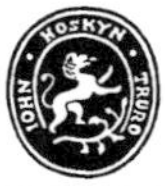

---

674 Rollin GREFFET
Lyon – F
2. Drittel d. 16. Jh.

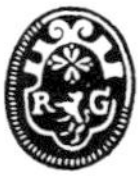

---

675 Daubeny TURBERVILLE
London – GB
1. Hälfte d. 18. Jh.

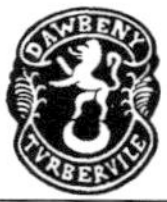

---

676 Philip ROBERTS
London – GB
2. Drittel d. 18. Jh.

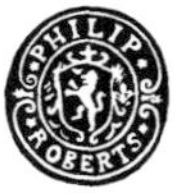

---

677 CAMBRAI – F

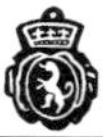

---

678 E. DREPTIN
Cambrai – F
19. Jh.

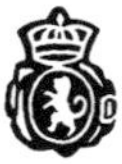

---

679 Jean CHABROL
Lyon – F
M nach 1643

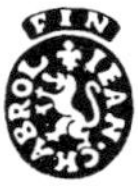

---

680 Nathaniel AUSTIN
Charlestown – USA
1763 – 1807

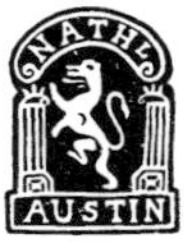

---

681 John DANFORTH
Norwich – USA
1773 – 1793

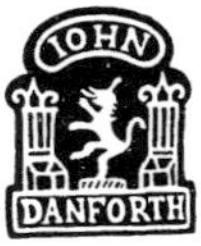

682	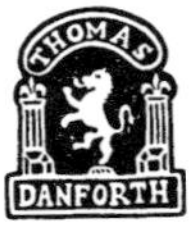	Thomas DANFORTH II. Middletown – USA 1755 – 1782
683	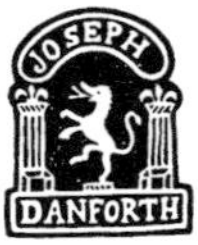	Joseph DANFORTH Middletown – USA 1780 – 1788
684	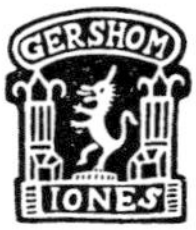	Gershom JONES Providence – USA 1774 – 1809
685	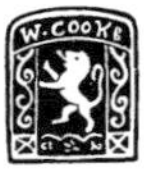	William COOK Bristol u. Gloucester – GB Ende d. 18. Jh. u. Beginn 19. Jh.
686	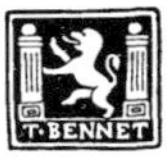	Thomas BENNET Bristol u. English Bicknor, Glocs. – GB 2. Hälfte d. 18. Jh.
687	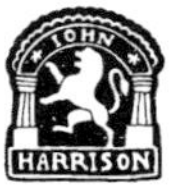	John HARRISON York – GB 1. Hälfte d. 18. Jh.
688	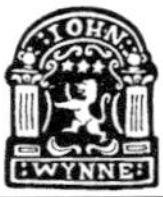	John WYNN London – GB 3. Viertel d. 18. Jh.
689	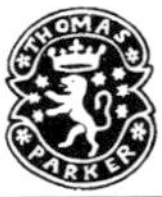	Thomas PARKER London – GB Ende d. 17. Jh.
690	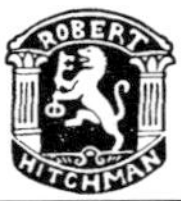	Robert HITCHMAN London – GB 2. Drittel d. 18. Jh.
691	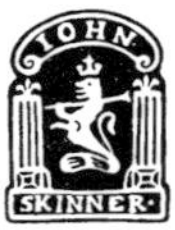	John SKINNER Boston – USA 1760 – 1790

692	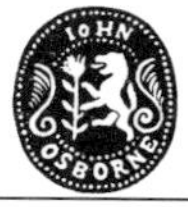 John OSBORNE London – GB 1. Hälfte d. 18. Jh.
693	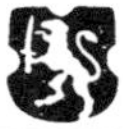 GÖTEBORG – S
694	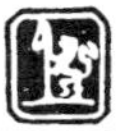 LIJEPAJA (LIBAU) – LV
695	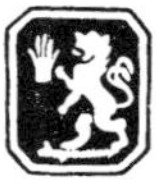 KÖNIGSTEIN – D
696	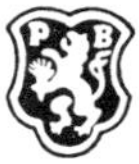 Paul BARTH d. J. Wrocław (Breslau) – PL M 1640 † 1655
697	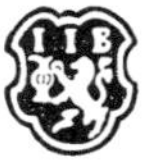 Johann Joseph BEYER Nysa (Neisse) – PL M 1725 † 1741
698	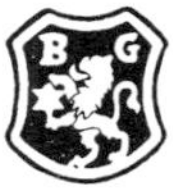 Bernhard GULIELMINETTI Kitzbühel – A 1788 – 1827
699	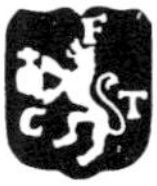 Carl Frederik TREYER Uppsala – S 1752 – 1769
700	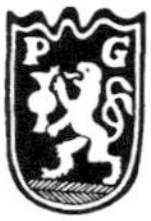 Philip GILCH Praha / Nové Město (Prag – Neustadt) – CZ M 1773 † 1798
701	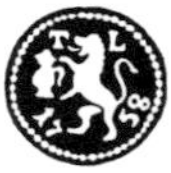 Thomas LAUW Meldorf – D M 1758 † 1773
702	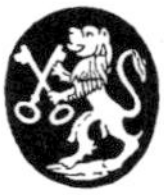 LEGNICA (LIEGNITZ) – PL
703	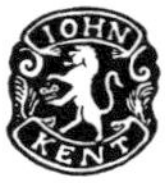 John KENT London – GB 1718 – 1759

704	HORNÍ SLAVKOV (SCHLAGGEN-WALD) – CZ 18. Jh.
705	Sigismund Gottlieb BÖHM Świdnica (Schweidnitz) – PL B 1728 † 1774
706	ADORF – D
707	Anton Jeremias GÖTZ II. Děčín (Tetschen) – CZ M 1740
708	KARLSHAMM – S
709	Edward HOLMAN London – GB Ende d. 17. Jh.
710	Imanuel Siegesmund BAESTLEIN Döbeln – D M 1799 † 1851
711	BIBERACH – D
712	LAVEUR Paris – F 1909 – 1958
713	UPPSALA – S
714	John BOTELER London – GB um Mitte d. 18. Jh.
715	Robert MORSE London – GB Beginn d. 18. Jh.

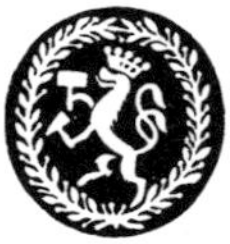

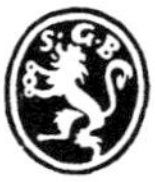

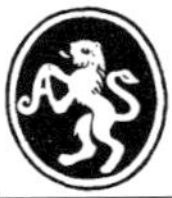

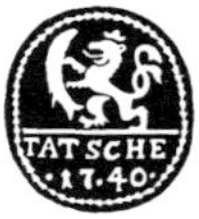

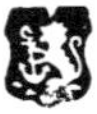

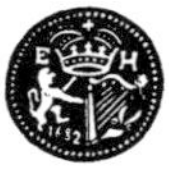

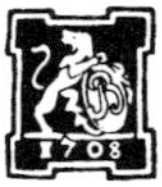

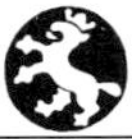

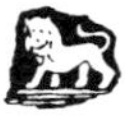

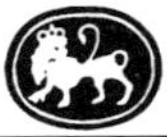

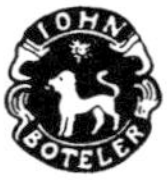

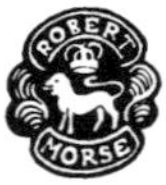

716 Joseph AUSTEN & Son
Cork – IRL
1823 – 1833

717 IRON MUNSTER Co.
Cork – IRL
1833 – 1905

718 William BEAMONT
London – GB
Beginn d. 18. Jh.

719 Richard NORFOLK
London – GB
1736 – 1783

720 William RICH
Bristol – GB
um 1840

721 BERGEN auf Rügen – D

722 ENNS – A

723 Christoph REICHENBERGER
Amberg – D
B 1652

724 EGGENFELDEN – D

725 VESOUL – F

726 KARLOVY VARY (KARLSBAD) – CZ

727 Christoph Ignatius JAIS
Tölz – D
M 1771

728		Thomas BENNET London – GB 1700
729		Sir George ALDERSON London – GB 1. Viertel d. 19. Jh. † 1826
730		KARLOVY VARY (KARLSBAD) – CZ
731		VILSHOFEN – D
732		BAYREUTH – D
733		WINTERTHUR – CH
734		PIRNA – D
735		GROSSENHAIN – D
736		Henry WOOD London – GB 2. Hälfte d. 18. Jh.
737		A. CARTER London – GB um 1750
738		Robert SEATCHARD London – GB nach Mitte d. 18. Jh. † 1766
739		SCHEIBENBERG – D

740	GRYFÓW ŚLASKI (GREIFFEN- BERG) – PL
741	GREIFSWALD – D
742	RIBNITZ – D
743	Claes Eric HELAND Norrköping – S 1766 – 1784
744	Heinrich Frantz LANGER Nysa (Neisse) – PL M 1716 – 1721
745	WOLGAST – D
746	YSTAD – S
747	Christian Hinrich GRÄPCKE Hamburg – D B 1721
748	Hans Christian GRÄPCKE Hamburg – D M 1746 – 1783
749	Mattheus BINNER Wrocław (Breslau) – PL M 1694 † 1756
750	Johann Martin REITMAYR Traunstein – D M 1722 (?) † 1770
751	William Sandys GREEN London – GB 1. Hälfte d. 18. Jh.

752 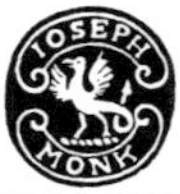 Joseph MONK
London – GB
3. Viertel d. 18. Jh.

753 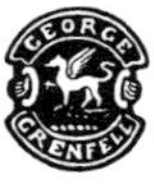 George GREENFELL
London – GB
3. Viertel d. 18. Jh. – † 1784

754 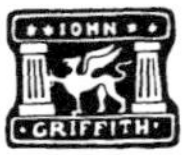 John GRIFFITH
Bristol – GB
1744 † 1755

755 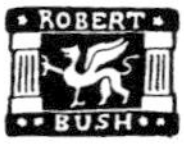 Robert BUSH d. Ä.
Bristol u. Bitton, Glocs. – GB
18. Jh.

756 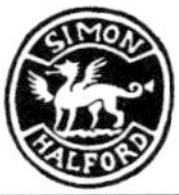 Simon HALFORD
London – GB
1. Hälfte d. 18. Jh.

757 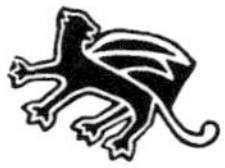 VENEZIA – I
15. Jh.

758 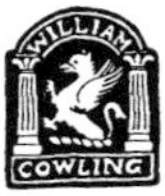 William COWLING
London – GB
nach 1737

759 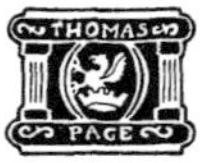 Thomas PAGE
Bristol – GB
Hälfte d. 18. Jh.

760 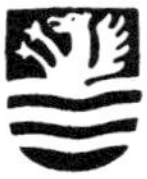 SŁUPSK (STOLP) – PL

761 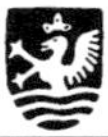 SŁUPSK (STOLP) – PL

762 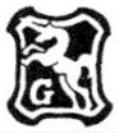 GIENGEN – D

763 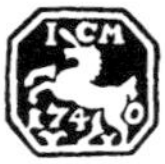 Johann Christoph MILLER
Schwäbisch Gmünd – D
M 1740

764	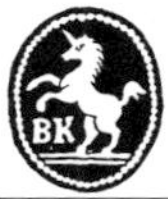	Benedikt KAMMERER Schwäbisch Gmünd – D *1812 † 1870
765	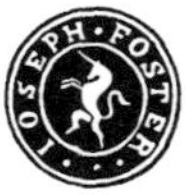	Joseph FOSTER London – GB 2. Hälfte d. 18. Jh.
766	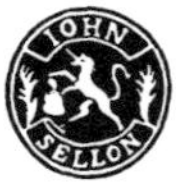	John SELLON London – GB um Mitte d. 18. Jh.
767	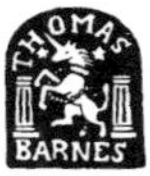	Thomas BARNES London – GB 2. Viertel d. 18. Jh.
768	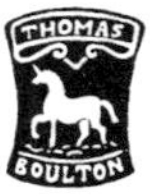	Thomas BOULTON Wigan – GB um 1750
769	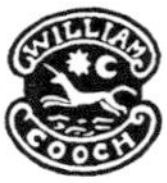	William COOCH London – GB nach 1775
770	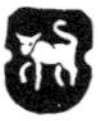	SCHLEIZ – D
771	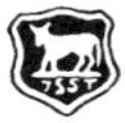	Johann Sebastian STIER Tallinn (Reval) – EST M 1744 † 1779
772	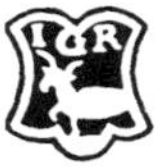	Johann Georg RÜCKERT Ochsenfurt – D 18. Jh.
773	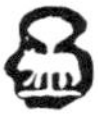	SEDAN – F
774	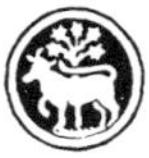	GÜSTROW – D
775	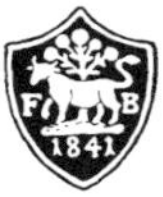	F. BECHLIN Güstrow – D M 1841

776		John COLE London – GB um 1727
777		FREISING – D
778		James FONTAIN London – GB 2. Hälfte d. 18. Jh.
779		John GURNELL London – GB 2. Hälfte d. 18. Jh.
780		Carl WESMAN Stockholm – S 1757 – 1772
781		Carl LOGREN Falun – S 1750 – 1775
782		John BROWN London – GB ab Ende d. 18. Jh. † 1836
783		Gideon SCHMIDT Tallinn (Reval) – EST B 1647 – 1682
784		ROSSWEIN – D
785		STUTTGART – D
786		Christian Friedrich HOHENSTEIN Döbeln – D M 1747 † 1765
787		Eberhardt VAHLE Celle – D B 1737 † 1755

788	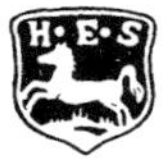 Heinrich Ernst SCHRÖDER Celle – D M 1776 † 1813
789	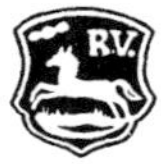 Rudolph VAHLE Celle – D M 1765 † 1775
790	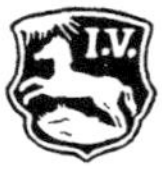 Jacob Christoph VAHLE Celle – D M 1760 verließ 1767 Celle † 1776
791	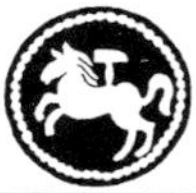 SCHMIEDEBERG – D
792	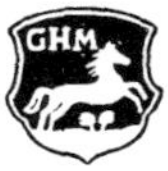 Georg Heinrich MÜLLER Celle – D M 1767 † 1804
793	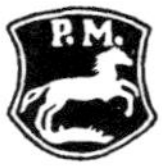 Johann Peter Wilhelm MÜLLER Celle – D B 1807 † 1811
794	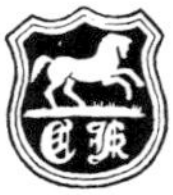 Carl KRÜGER Racibórz (Ratibor) – PL B 1846 † 1888
795	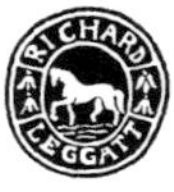 Richard LEGATT London – GB 1722 –
796	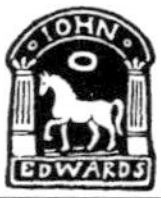 John EDWARDS London – GB 2. Drittel d. 18. Jh.
797	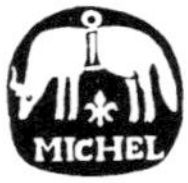 Andries MICHEL New York – USA ca. 1742 – 1752
798	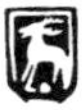 EGLISAU – CH
799	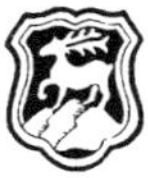 JELENIA GÓRA (HIRSCHBERG) – PL

800	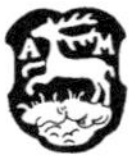	Anton MESCHEDER Dzierżoniów (Reichenbach) – PL M ca. 1788 † 1802
801	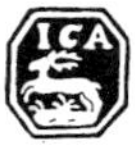	Johann Carl AGRATH Nysa (Neisse) – PL M 1683 (?) † 1704
802	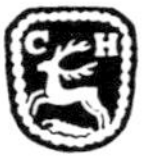	Carl Paul HIBLER Rosenheim – D M 1775 (?) † 1820
803	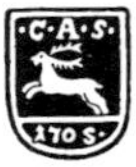	Carl August SEYBOLD Grossenhain – D M 1765
804	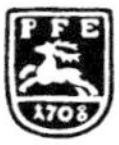	Paul Friedrich EBERT I. Auerbach – D M 1759 † 1800
805	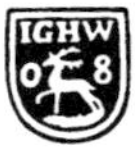	Johann George HEGEWALDT d. J. Leipzig – D M 1749 † 1772
806	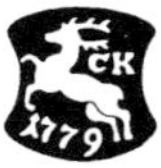	Conrad KREIDE Wriezen – D M 1779
807	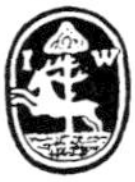	Johann Hartmann WOLTER Friedland – D M 1770
808	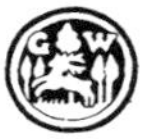	Gerhard WOHLERS Mölln – D M 1754 † 1780
809	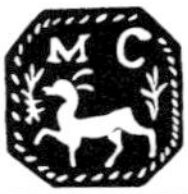	M. COUSTARD Angers – F M 1640
810	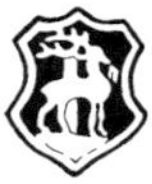	JELENIA GÓRA (HIRSCHBERG) – PL

811	L. H. SCHWEDER Güstrow – D M 1740 † 1764
812	John UBLY London – GB um Mitte d. 18. Jh.
813	Philip ROGERS London – GB Beginn d. 18. Jh.
814	Jonathan BRODHURST London – GB 1. Viertel d. 18. Jh.
815	Caspar ECKE d. Ä. Szczecin (Stettin) – PL M 1631 † 1667
816	ROUEN – F
817	Christoph RÜHLE Meißen – D M 1709 † 1742
818	SÖDERKÖPING – S
819	Gottlieb HILSCHER Wrocław (Breslau) – PL B 1712 † 1735
820	George KRISCHE Wrocław (Breslau) – PL M 1638 † 1678
821	Johann BRUHN Västervik – S 1778 – 1789
822	Robert CROOKE London – GB nach 1738

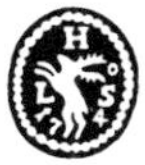

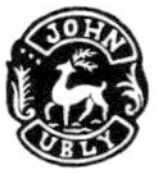

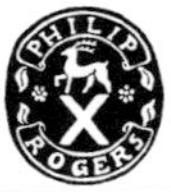

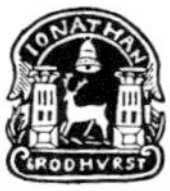

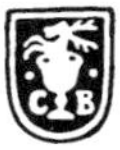

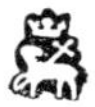

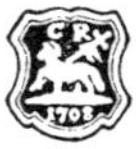

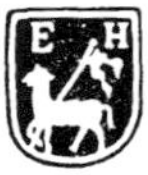

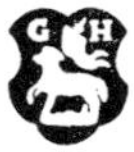

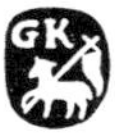

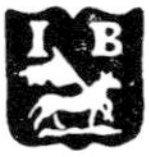

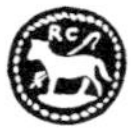

823	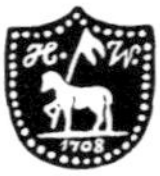	Jacob Heinrich WEISS Schneeberg – D M 1827 † 1882
824	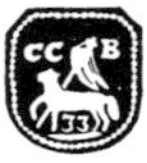	Claus Christoph BUBERT Lübeck – D B 1778 † 1792
825	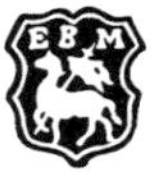	Eric BJÖRKMAN Stockholm – S 1741 – 1761
826	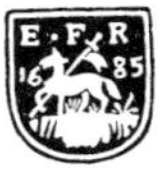	Ezechiáš F. RISSPLER Praha / Staré Město (Prag – Altstadt) – CZ M 1685 † 1713
827	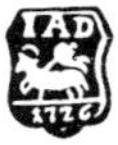	Johann Andreas DOERFFEL Nysa (Neisse) – PL M 1726 † 1774
828	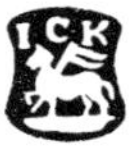	Johann Christian KOCHAUF Linz – A M um 1746 † 1771
829	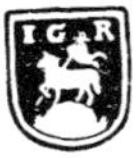	Johann Gottfried ROTHE Leipzig – D M 1736 † 1789
830	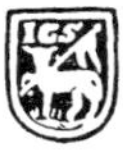	Johann Gottlieb SCHROT d. J. Grimma – D M 1749
831	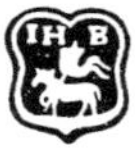	Johan Henrik BODECKER Karlskrona – S 1758 – 1785
832	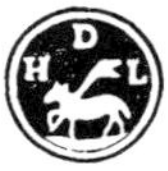	Hinrich Diedrich LEMPF Buxtehude – D letztes Viertel d. 18. Jh.
833	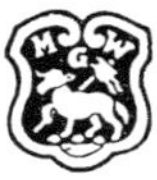	Michael Gottlob WÖLFEL Bautzen – D M 1752 † 1784

834 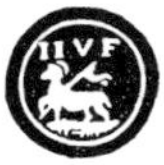 Johann Jacob von FÜHREN
Nysa (Neisse) – PL
M 1691 † 1726

835 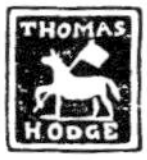 Thomas HODGE
Tiverton – GB
ca. 1720 – 1750

836 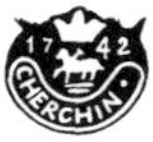 CHERCHIN
Evreux – F
1742

837 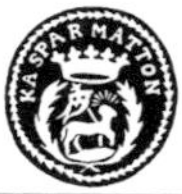 Kaspar MATTON
Karlovy Vary (Karlsbad) – CZ
um 1800

838 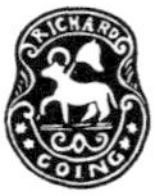 Richard GOING
Bristol – GB
18. Jh.

839 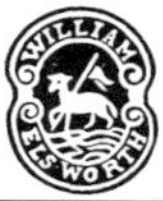 William J. ELSWORTH
New York – USA
1767 – 1798

840 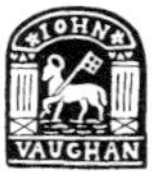 John VAUGHAN
London – GB
2. Hälfte d. 18. Jh. – † 1807

841 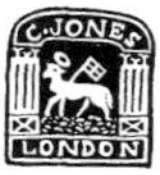 Charles JONES
London – GB
Ende d. 18. Jh.

842 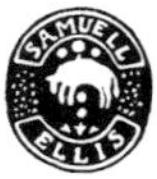 Samuel ELLIS
London – GB
Mitte d. 18. Jh. † 1773

843 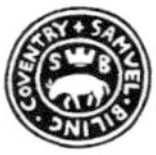 Samuel BILLING
Coventry – GB
ca. 1675 † 1707

844 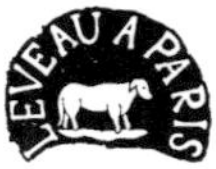 LEVEAU
Paris – F
1815 – 1840

845	Abraham LEMCKE Elbląg (Elbing) – PL M 1701
846	Jacob MANSRIEDER Linz – A M 1683 † 1724
847	Hieronymus LEDERMAYR Wels – A M 1628 † nach 1669
848	James HUGHES London – GB Ende d. 17. Jh.
849	HÄRNÖSAND –S
850	Johann Phillipp VOLCKMAR Siegen – D von 1763
851	VARIDO Paris – F 1909 – 1958
852	Johann Nicolaus REDER Stralsung – D B 1763 † 1818
853	WOOD & HILL London – GB Ende d. 18. Jh.
854	PITT & DADLEY London – GB Ende d. 18. Jh.
855	PRITZWALK – D

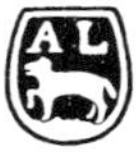

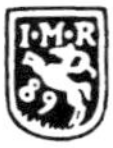

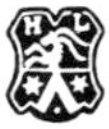

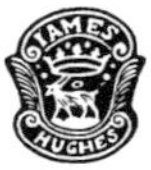

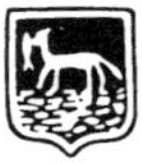

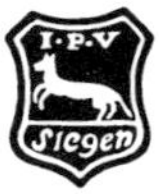

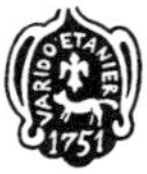

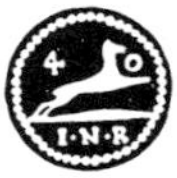

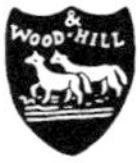

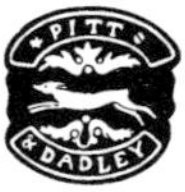

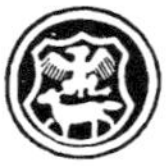

856 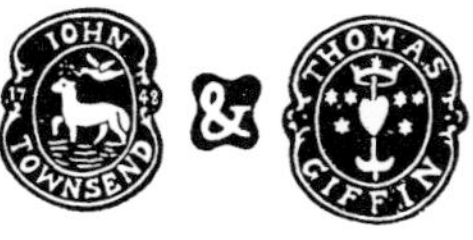

TOWNSEND & GRIFFIN
London – GB
1777 – 1801

857

William James ENGLEFIELD
London – GB
Ende d. 19. Jh. u. Beginn d. 20. Jh.

858

GAULS
Exeter – GB
ca. 1810

859

TOWNSEND & COMPTON
London – GB
1801 – 1811

860

John TOWNSEND
London – GB
2. Hälfte d. 18. Jh.

861

Richard AUSTIN
Boston – USA
1793 – 1817

862

Thomas COMPTON &
TOWNSEND
London – GB
ca. 1801 – 1817

863

ARRAS – F

864

ERMATINGEN – CH

865

STECKBORN – CH

866

WIL – CH

867	BERLIN – D
868	Abraham GANTING Bern – CH 2. Drittel d. 18. Jh.
869	Johann Paul Carl ARNOLD Mainbernheim – D M 1778 – Beginn d. 19. Jh.
870	Thomas HOPKINS London – GB nach 1700
871	UELZEN – D
872	LIEPAJA (LIBAU) – LV
873	VARBERG – D
874	John HOME London – GB 3. Viertel d. 18. Jh.
875	Nathaniel BARBER London – GB letztes Drittel d. 18. Jh.
876	ŚWIDNICA (SCHWEIDNITZ) – PL
877	EBERSWALDE – D
878	Peter GRÜNEWALD d. Ä. Greifswald – D M 1669

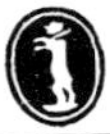

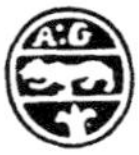

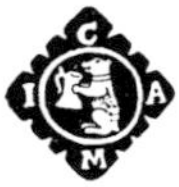

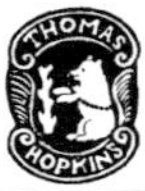

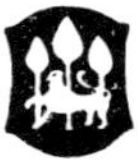

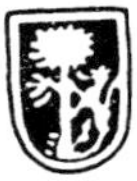

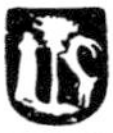

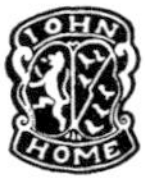

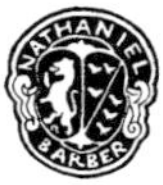

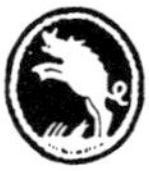

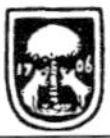

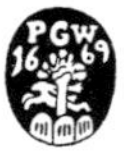

879	George HESSLER Wrocław (Breslau) – PL M 1632/3 † 1660
880	Andreas HAAS Kulmbach – D M 1690 † 1732
881	Edward LEAPIDGE London – GB 1. Hälfte d. 18. Jh.
882	Thomas JAMES London – GB 1. Hälfte d. 18. Jh.
883	JIHLAVA (IGLAU) – CZ
884	William BRAINE London – GB um 1680
885	Joseph HENRY London – GB 18. Jh.
886	John ROLT London – GB 1. Viertel d. 18. Jh.
887	Francis HUDSON York – GB nach Mitte d. 18. Jh.
888	ÖSTHAMMAR – S
889	Jochim Adam HECHT Rostock – D M 1780 † 1812
890	NARVA – IRL

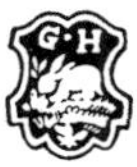

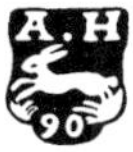

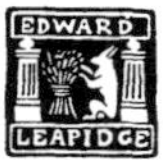

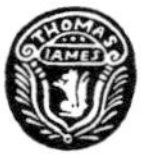

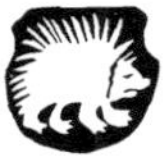

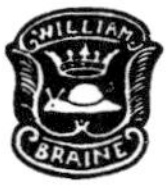

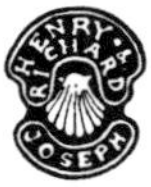

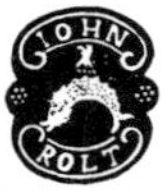

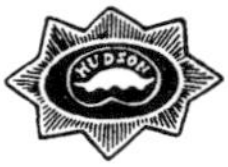

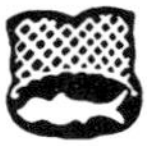

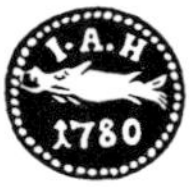

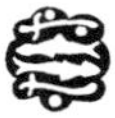

891 Ralph HULL
London – GB
letztes Viertel d. 18. Jh.

892 FLY & THOMPSON
London – GB
1. Hälfte d. 18. Jh.

893 Aquila DACKOMBE
London – GB
um Mitte d. 18. Jh.

894 REHNA – D

895 URI – CH

896 STRELITZ – D

897 KONITZ – D

898 MALCHIN – D

899 TETEROW – D

900 SCHAFFHAUSEN – CH

901 François VAUDRY
Paris – F
1778

902 HUDIKSVALL – S

903 LINKÖPING – S

904	HOF a. d. S. – D
905	John CATER London – GB 18. Jh.
906	William WRIGHT London – GB 2. Hälfte d. 18. Jh.
907	Charles CLARKE Waterford – IRL 1790 – 1810
908	Rice BROOKS London – GB 1667
909	Thomas BUCKBY London – GB 1. Hälfte d. 18. Jh.
910	John WILLIAMS London – GB 1. Hälfte d. 18. Jh.
911	Richard YATES London – GB 1772 – Beginn d. 19. Jh.
912	William HARRIS London – GB um die 2. Hälfte d. 18. Jh.
913	William WHITE London – GB 2. Hälfte d. 18. Jh.
914	Ralph WHARRAM London – GB 2. Hälfte d. 18. Jh.

915	BIRCH & VILLERS Birmingham – GB 1775 – 1820
916	Stephen COX Bristol – GB † 1754
917	Nathaniel BESSANT London – GB Beginn d. 18. Jh.
918	Samuel DUNCOMB Birmingham – GB 1740 – 1775 (?)
919	RÖBEL – D
920	GADEBUSCH – D
921	GNOIEN – D
922	WROCŁAW – LEŚNICA (BRESLAU – STADTTEIL- BEZEICHNUNG) – PL
923	STERNBERG – D
924	Johann Alexander OECHSLIN Schaffhausen – CH *1823 † 1870
925	Johann Conrad SCHALCH IV. Schaffhausen – CH *1801 † 1849
926	WITTENBERG – D

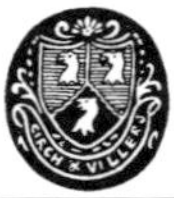

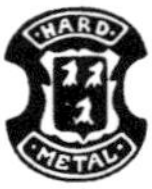

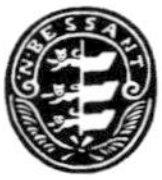

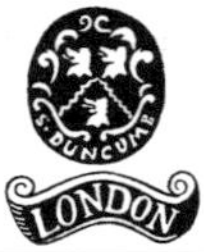

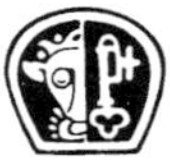

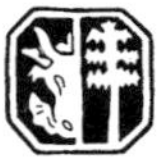

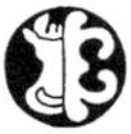

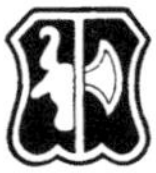

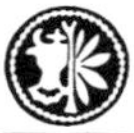

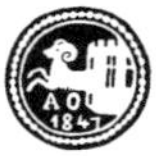

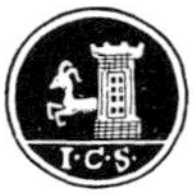

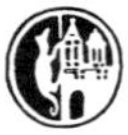

927	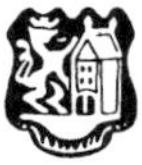	PRICHSENSTADT – D
928	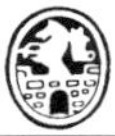	OSTERHOFEN – D
929	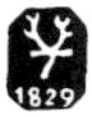	JELGAVA (MITAU) – LV
930	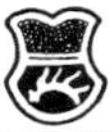	GÖPPINGEN – D
931	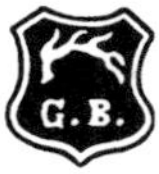	Johann Georg BERNER Göppingen – D *1796 † 1853
932	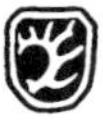	JELGAVA (MITAU) – LV
933	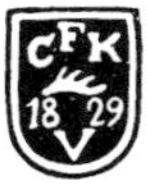	Christoph Friedrich KALLENBERG d. Ä. Winnenden – D M 1829 – 1864
934	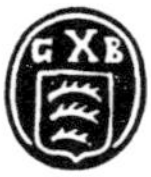	Gottlob Friedrich BOECKMANN Tübingen – D M 1837 (?) † 1874

Vögel

935	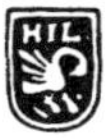	Hans Jürgen LIEBLER Lijepaja (Libau) – LV 1670 – 1694 (?)
936	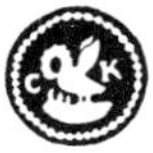	Claus KAHNS Malchin – D M 1712 † um 1744
937	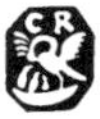	Christian ROHRLACH Wrocław (Breslau) – PL letztes Viertel d. 17. Jh. † 1710
938	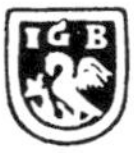	Johann Gottlieb BLASIUS Leipzig – D M 1733 † 1774

939 Christian Gottlieb SCHUBERT
Bierutów (Bernstadt) – PL
M 1735

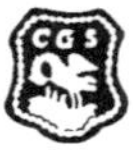

940 Andreas Christoph BECHERER
Marburg – D
*1781 † 1821

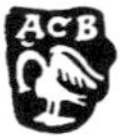

941 Adam Samuel TRÄNCKNER
Dresden – D
M 1742 † 1772

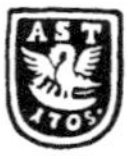

942 Johann Peter REIMPEL
Gadebusch – D
M 1738 † 1777

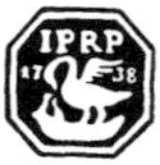

943 Thomas WILLSHIRE
Bristol – GB
Ende d. 18. Jh.

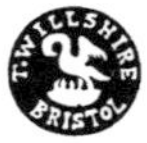

944 GRAY & KING
London – GB
1. Hälfte d. 18. Jh.

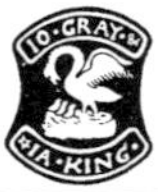

945 OLEŚNICA (OELS) – PL

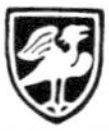

946 Georg Christoph MAAS
Nysa (Neisse) – PL
M 1703 (?) † 1720

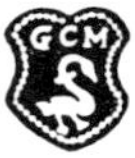

947 Samuel Traugott RABE
Lwówek Śląski (Löwenberg) – PL
1783

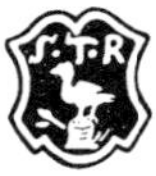

948 Benjamin Gottlob EBERT
Świdnica (Schweidnitz) – PL
B 1742 † 1794

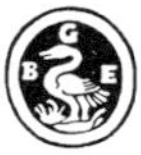

949 C. H. KINTZEL
Świdnica (Schweidnitz) – PL
M 1830 – 1845

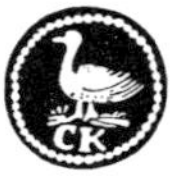

950 Johann Peter HÖNERLAH
Hamburg / Harburg – D
M 1781 † 1828

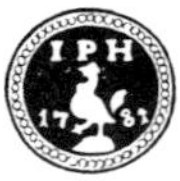

951 Robert BALDWIN
Wigan – GB
ca. 1690 – 1726

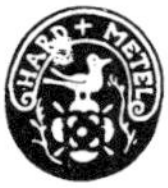

---

952 Edward SEAWELL
London – GB
letztes Viertel d. 18. Jh.

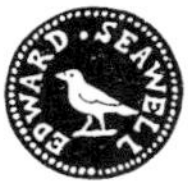

---

953 Christian Diederich HINTZPETER
Hamburg / Altona – D
M 1792 † 1833

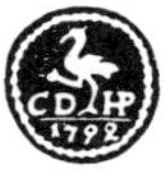

---

954 Conrad Ludwig STEINHARDT
Stuttgart – D
M 1755 † 1798

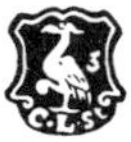

---

955 John ORMISTON
Dublin – IRL
letztes Drittel d. 18. Jh.

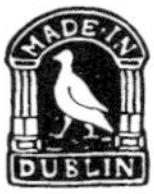

---

956 LEOBEN – A

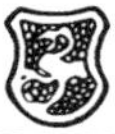

---

957 Peter GILLMANN
Stockholm – S
1770 – 1798

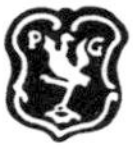

---

958 William NETTLEFOLD
London – GB
Wende 18./19. Jh.

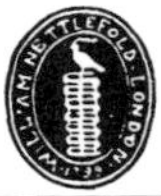

---

959 Gottfried KUGELMANN
Szczecin (Stettin) – PL
B 1773

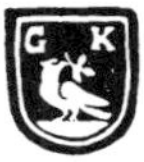

---

960 Vicenz BUREL
Steyr – A
M 1626

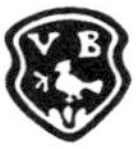

---

961 Johann Gottlieb MÜSSIGGANG
Bautzen – D
M 1710 † 1751

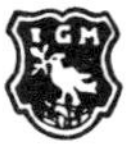

---

962 Christian Heinrich VOGEL
Schneeberg – D
M 1769 † 1822

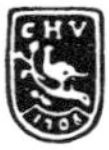

963 Johan Heinrich OHRDORF
Celle – D
M 1727 † 1751

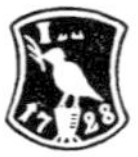

964 Benjamin Gottlieb LANGE
Wrocław (Breslau) – PL
M 1763 † 1798

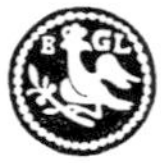

965 Benjamin Heinrich
GOTTESPFENNIG
Rostock – D
M 1747

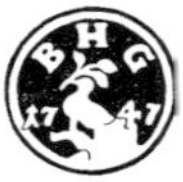

966 Johann Gottlieb GENSCH d. Ä.
Wrocław (Breslau) – PL
M 1747 † 1790

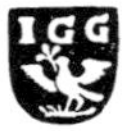

967 Benedict PRELL
Legnica (Liegnitz) – PL
*1716 (?) † 1787

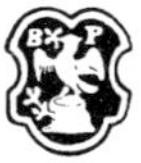

968 ZŁOTORYJA – PL

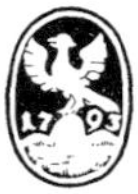

969 Johann Caspar KOEPCKE
Itzehoe – D
M 1756 † 1796

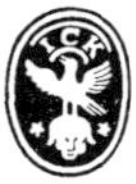

970 George Friedrich SPEER
Ścinawa (Steinau / Oder) – PL
M ca. 1714 † 1746

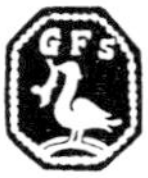

971 William KIRBY
New York – USA
1760 – 1793

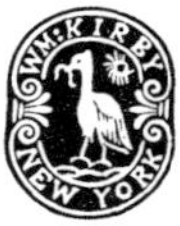

972 Thomas RHODES
London – GB
1. Hälfte d. 18. Jh.

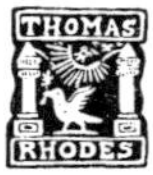

973 Matthias KÜHN
Słupsk (Stolp) – PL
B 1757

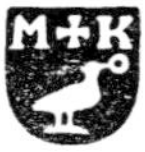

974	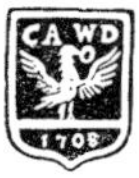	Carl August Wilhelm DÖRFLIG Dresden – D M 1846 † 1881
975	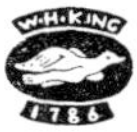	William Harrison KING London – GB 18. Jh.
976	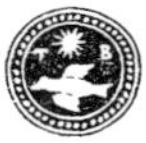	Thomas BATTESON London – GB 2. Hälfte d. 17. Jh.
977	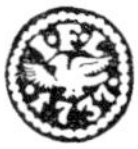	Johann Friedrich LEMFF Schwerin – D M 1737 † 1755
978	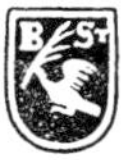	Bartolomaeus STIETE Zittau – D M 1736 † 1766
979	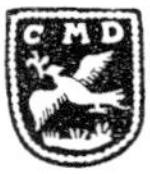	Carl Moritz DAMM Röchlitz – D M 1804
980	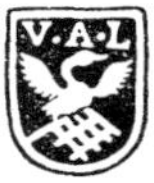	Valentin Anton LIPP Eggenfelden – D M ca. 1756 † 1810
981	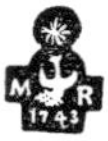	M. ROLLET Dijon – F 1743
982	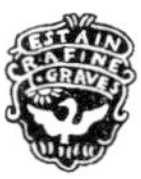	Jean GRAVES Bordeaux – F 1683 – 1727
983	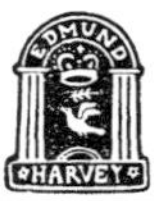	Edmund HARVEY GB oder IRL ca. 1700 – 1750
984	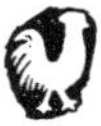	Martin MEUNIER Lille – F 19. Jh.

985	FRANKFURT a. d. O. – D
986	Benjamin PARHAM Plymouth – GB um 1725
987	Henry LITTLE London – GB 2. Drittel d. 18. Jh.
988	Samuel RIGHTON London – GB ca. 1732 – 1743
989	Joseph PEDDER London – GB 1. Hälfte d. 18. Jh.
990	Samuel SPATEMAN London – GB † 1768
991	Roger PYE London – GB um 1740
992	Samuel COCKS London – GB Beginn d. 19. Jh.
993	Richard COLLIER London – GB Beginn d. 18. Jh.
994	John HUDSON London – GB Wende 18./19. Jh † 1829
995	ZWICKAU – D
996	Charles William LOADER London – GB Ende d. 18. Jh.

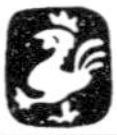

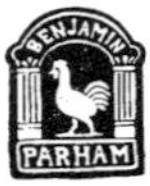

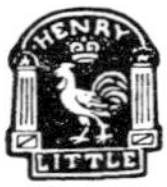

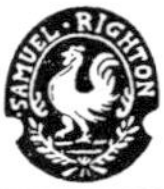

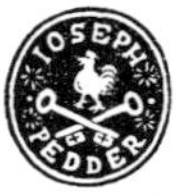

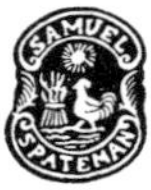

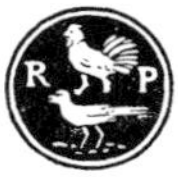

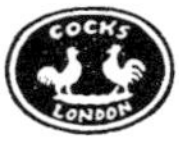

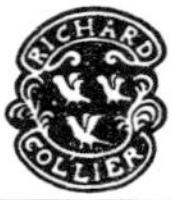

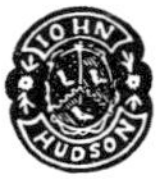

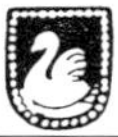

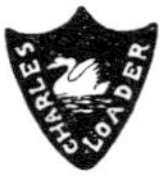

997 Robert SADLER
Newcastle – GB
1730 – 1780

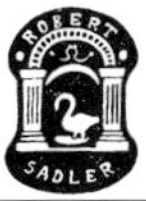

998 William HOGG
Newcastle – GB
ca. 1760 – 1795

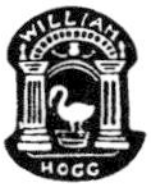

999 Norton PARR
Cork – IRL
† 1773

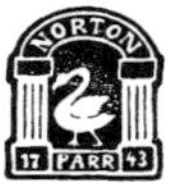

1000 Thomas GOSLING
London – GB
1. Viertel d. 18. Jh.

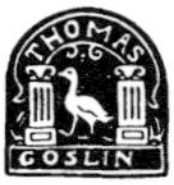

1001 Charles Puckle MAXEY
London – GB
um Mitte d. 18. Jh.

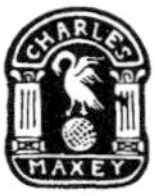

1002 Robert PORTEOUS
London – GB
2. Hälfte d. 18. Jh.

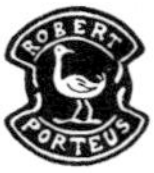

1003 John KENRICK
London – GB
um Mitte d. 18. Jh.

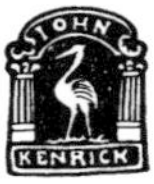

1004 Alexander LANCASTER
London – GB
1. Viertel d. 18. Jh.

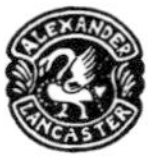

1005 Alexander HAMPHIE
Dublin – IRL
1719

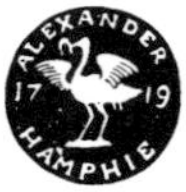

1006 Richard WRIGHT
London – GB
1. Viertel d. 18. Jh.

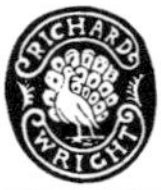

1007 Richard KING d. J.
London – GB
† 1798

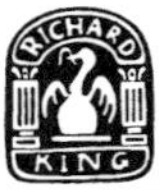

1008 KURESSAARE (ARENSBURG) – EST

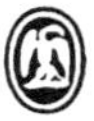

1009	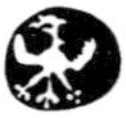 LESZNO (LISSA) – PL
1010	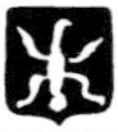 ÖREBRO – S
1011	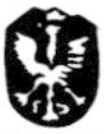 SZPROTAWA (SPROTTAU) – PL
1012	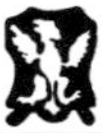 ARBOGA – S
1013	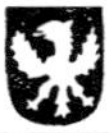 PRENZLAU – D
1014	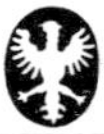 ZNOJMO (ZNAIM) – CZ
1015	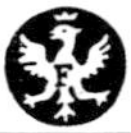 FRANKFURT a. M. – D
1016	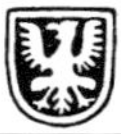 ANGERMÜNDE – D
1017	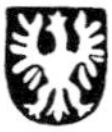 NÖRDLINGEN – D
1018	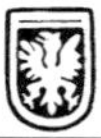 GDAŃSK (DANZIG) – PL
1019	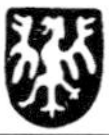 FRANKFURT a. M. – D
1020	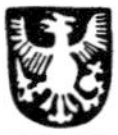 REUTLINGEN – D
1021	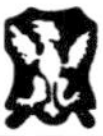 AARAU – CH
1022	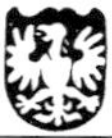 POSEN – PREUSSEN (Landeszeichen)
1023	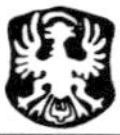 WRIEZEN – D
1024	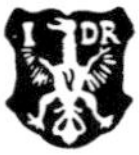 Johann David RIEDER Aalen – D *1674 † 1752

1025	ZEHDENICK – D
1026	GDAŃSK (DANZIG) – PL
1027	MORAVSKÁ TŘEBOVÁ (MÄHRISCH TRÜBAU) – CZ
1028	KALININGRAD (KÖNIGSBERG) – RUS
1029	Georg Balthasar GÜNTZLER Nördlingen – D M 1756 † vor 1765
1030	BESANÇON – F
1031	Abraham CROWLEY Penrith – GB ca. 1720 – 1760
1032	VILLINGEN – D
1033	POTSDAM – D
1034	NEURUPPIN – D
1035	Johann Gottfried KANNENGIESSER Drezdenko (Driesen) – PL B 1773 † 1800
1036	GORZÓW WIELKOPOLSKI (LANDSBERG / WARTHE) – PL

1037 NEUCHÂTEL – CH

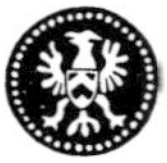

1038 ISNY – D

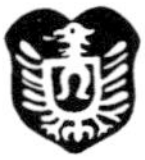

1039 SALZWEDEL – D
ab 1700

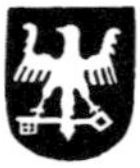

1040 MARKTREDWITZ – D

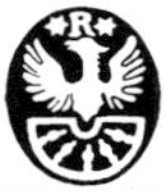

1041 Antoine ALÈGRE
Angers – F
1776

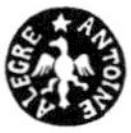

1042 Jean Laurent DULAC
Le Puy-en-Velay – F
1762

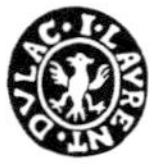

1043 William LANSDOWN
Bristol – GB
um 1740

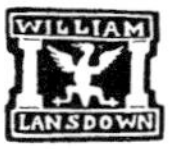

1044 Thomas HODGKIN
West-Country – GB
ca. 1750 – 1770

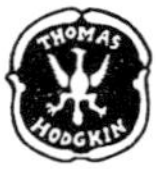

1045 Samuel PIERCE
Greenfield, Massachusetts – USA
1792 – 1830

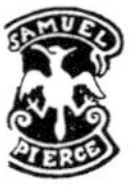

1046 Samuel PIERCE
Greenfield, Massachusetts – USA
1807 – 1830

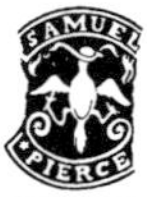

1047 Jonathan COTTON d. J.
London – GB
2. Drittel d. 18. Jh.

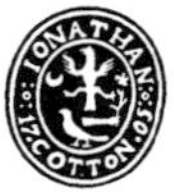

1048	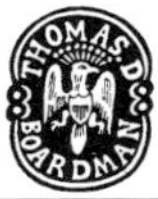	Thomas D. BOARDMAN Hartford – USA 1805 – 1820
1049	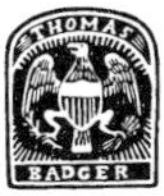	Thomas BADGER Boston – USA 1787 – 1815
1050	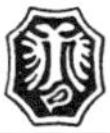	GRONINGEN – NL 15. Jh.
1051	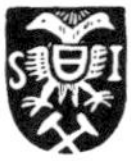	JÁCHYMOV (JOACHIMSTHAL) – CZ
1052	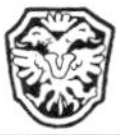	KEMPTEN – D
1053	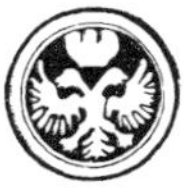	KREMS – A
1054	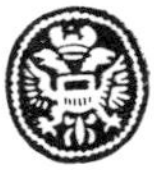	LÜBECK – D
1055	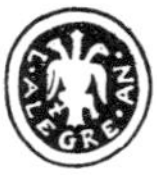	Louis ALÈGRE Angers – F 1808 – 1835
1056	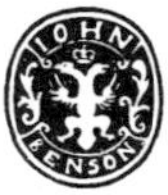	John BENSON London – GB um Mitte d. 18. Jh.
1057	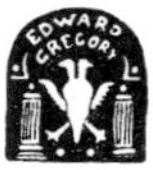	Edward GREGORY Bristol – GB 1. Hälfte d. 18. Jh.
1058	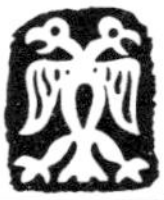	Besitzermarke d. Zarenhofs Moskwa (Moskau) – RUS
1059	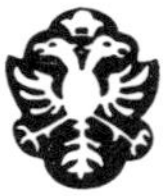	Besitzermarke d. Zarenhofs Moskwa (Moskau) – RUS

1060	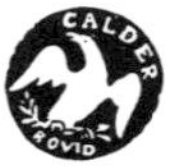	William CALDER Providence – USA 1817 – 1856
1061	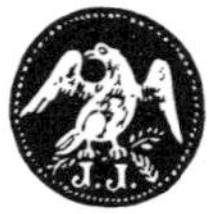	Jehiel JOHNSON Middleton, Connecticut u. Fayette-ville, North Carolina – USA 1815 – 1825
1062	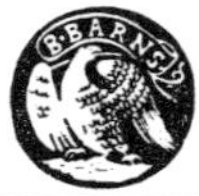	Blakslee BARNS Philadelphia – USA 1812 – 1817
1063	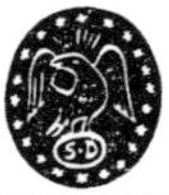	Samuel DANFORTH Hartford – USA 1795 – 1816
1064	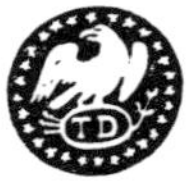	Thomas DANFORTH Stepney, Connecticut u. Philadelphia, Pennsylvania – USA 1777 – 1818
1065	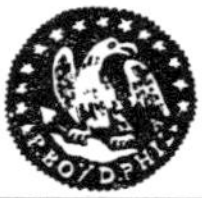	Parks BOYD Philadelphia – USA 1795 – 1819
1066	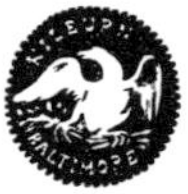	Samuel KILBOURN Baltimore – USA 1814 – 1830
1067	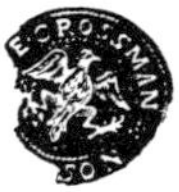	Ebenezer CROSSMAN Hudson, New York – USA ca. 1790 –1800
1068	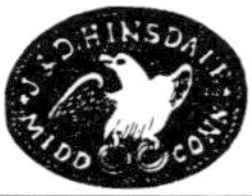	J. u. D. HINSDALE Middletown, Connecticut – USA um 1815
1069	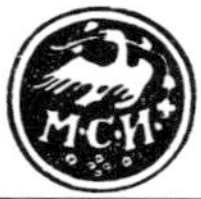	Meister MCI Moskwa (Moskau) – RUS 18. Jh.
1070	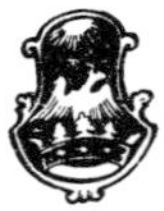	VILLERS & WILKES Birmingham – GB Beginn d. 19. Jh.

1071	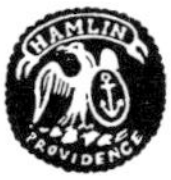	Samuel E. HAMLIN Providence – USA 1801 – 1856
1072	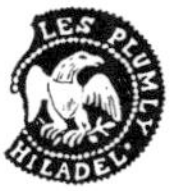	Charles PLUMLY Philadelphia – USA 1822 – 1833
1073	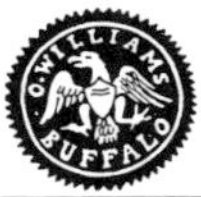	Otis WILLIAMS Buffalo, New York – USA 1826 – 1831
1074	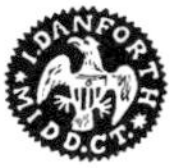	Josiah DANFORTH Middletown, Connecticut – USA 1828 – 1837
1075	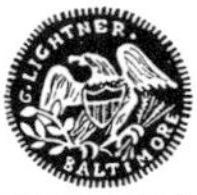	George LIGHTNER Baltimore – USA 1806 – 1815
1076	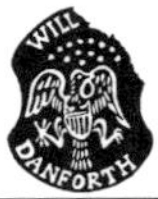	William DANFORTH Middletown, Connecticut – USA 1792 – 1820
1077	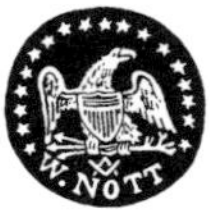	William NOTT Middletown, Connecticut u. Fayetteville, North Carolina – USA 1813 – 1825
1078	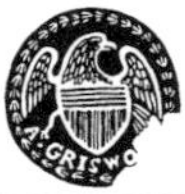	Ashbil GRISWOLD Meriden, Connecticut – USA 1807 – 1815
1079	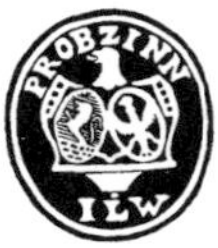	Johann Leonhard WILLHÖFER Erlangen – D 1831 – 1868
1080	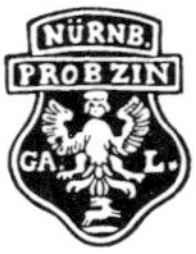	Albrecht LIEDEL Hersbruck – D nach 1822

1081	Robert KINNIBURGH Edinburgh – GB Wende 18./19. Jh.
1082	William HUNTER Edinburgh – GB 3. Viertel d. 18. Jh.
1083	MOSKWA (MOSKAU) – RUS
1084	KAPUSTIN Moskwa (Moskau) – RUS um Mitte d. 18. Jh.
1085	TREPETOW Moskwa (Moskau) – RUS um 1765
1086	David Osipow PEREKISLOW Moskwa (Moskau) – RUS ab 1737 Meister der Werkstatt am Zarenhof
1087	Iwo WASILJEW Moskwa (Moskau) – RUS um 1725
1088	Ustin PETROW Moskwa (Moskau) – RUS um 1732
1089	Matheus SPOCK Gliwice (Gleiwitz) – PL † 1808
1090	ŚCINAWA (STEINAU / ODER) – PL

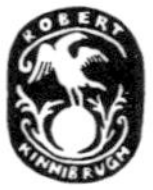

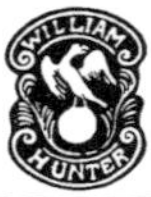

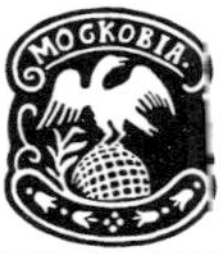

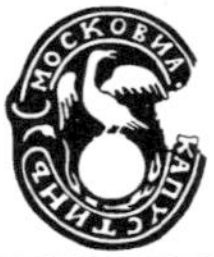

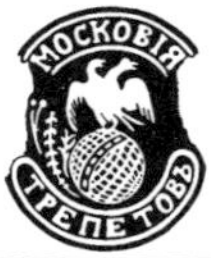

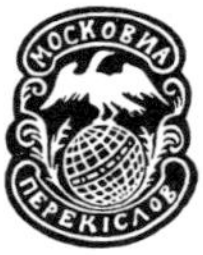

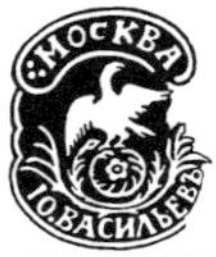

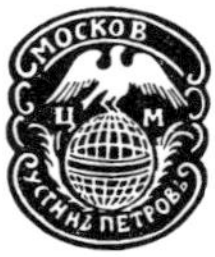

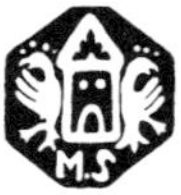

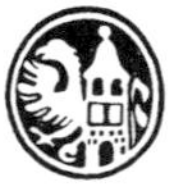

1091	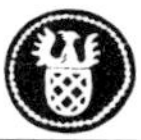 CHEB (EGER) – CZ
1092	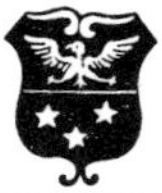 TESSIN – CH
1093	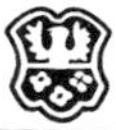 WERTHEIM – D
1094	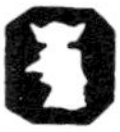 MALMÖ – S
1095	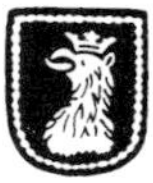 SZCZECIN (STETTIN) – PL
1096	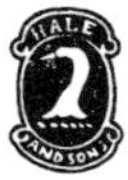 HALE & SONS Bristol – GB 3. Viertel d. 19. Jh.
1097	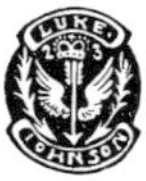 Luke JOHNSON London – GB 1. Hälfte d. 18. Jh.
1098	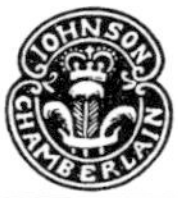 Johnson CHAMBERLAIN London – GB 18. Jh.
1099	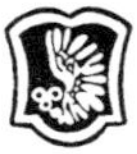 KAMENZ – D
1100	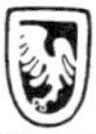 VILLACH – A
1101	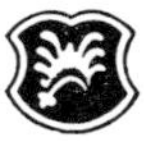 VELKÉ MEZIŘÍČÍ (GROSS MESERITSCH) – CZ

Pflanzen

1102	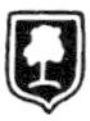 EKENÄS – FIN
1103	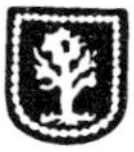 EKSJÖ – S

1104 Michel van der LINDEN
Tallinn (Reval) – EST
B 1777 † 1742

1105 Johann Leonhart PFEFFER
Leipzig – D
M 1738 † 1781

1106 Jürgen Dieterich HOLSTEIN
Neubrandenburg – D
M 1732 † 1764

1107 Carl Friedrich SEYBOLD
Dresden – D
M 1795

1108 Georg Paul UNOLD d. Ä.
Kempten – D
*1777 † 1854

1109 Christian Gottlieb GOEBEL
Dresden – D
M 1765 † vor 1785

1110 Gustav Adolf Eduard JAHN
Dresden – D
M 1835

1111 GADEBUSCH – D

1112 Gottfried GÖTZ
Gdańsk (Danzig) – PL
M 1725

1113 Gottfried Samuel TETZLAFF
Elbląg (Elbing) – PL
M 1843 (?) † 1866

1114 Hans Jacob LINDE
Kiel – D
M 1753 † 1792

1115 Johann Christian BÖHME d. J.
Freiberg – D
M 1755 † 1772

1116	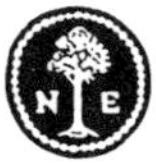	Nicolaus ESSING Hamburg / Altona – D B 1729 – 1746
1117	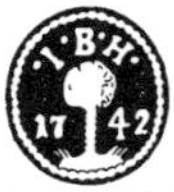	Johann BUCHHOLTZ Flensburg – D M 1742
1118	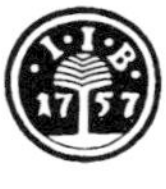	Jürgen Jacob BORCHERT Grabow – D M 1758 † 1786
1119	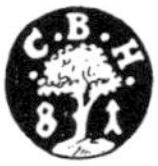	Christian Bernhard BOECKENHAGEN Ribnitz – D M 1781 † 1823
1120	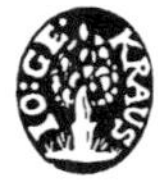	Johann Georg KRAUS Feuchtwangen – D 2. Hälfte d. 18. Jh.
1121	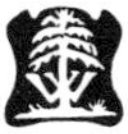	WAŁBRZYCH (WALDENBURG) – PL
1122	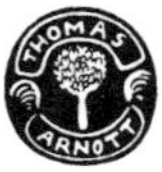	Thomas ARNOTT London – GB Beginn d. 18. Jh.
1123	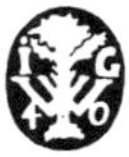	Jacob GRÜNEWALD Stralsund – D B 1676 † 1728
1124	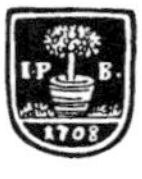	Johann Paul BÖHMER Dresden – D M 1752 † nach 1785
1125	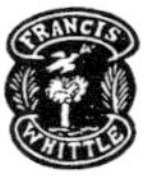	Francis WHITTLE London – GB 1. Hälfte d. 18. Jh.
1126	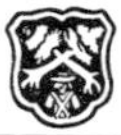	DIPPOLDISWALDE – D
1127	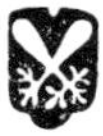	QUEDLINBURG – D

1128	Andreas GRÜNEWALD d. J. Greifswald – D M 1722
1129	Jochim WOHLERS Bergedorf – D M 1752 † 1791
1130	Peter GRÜNEWALD Stralsund – D B 1717 – 1732
1131	NOSSEN – D
1132	John WOODESON Chipping Wycomb, Bucks. – GB 1. Viertel d. 18. Jh.
1133	Thomas J. T. ASHLEY London – GB 2. Viertel d. 19. Jh. † 1852
1134	Jacob Heinrich SCHUMACHER Schwerin – D M 1721 † 1777
1135	Peter REESE Tallinn (Reval) – EST B 1708 † 1754
1136	Gerth BLUHM Tallinn (Reval) – EST B 1688 † 1705
1137	Theodore JENNINGS London – GB 1. Hälfte d. 18. Jh.
1138	Christoph FORCHHEIM Wrocław (Breslau) – PL M 1644 † 1667

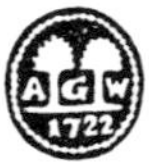

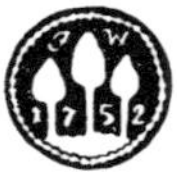

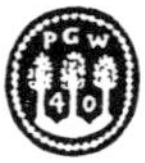

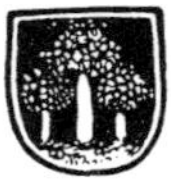

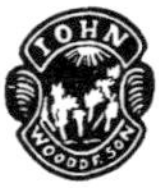

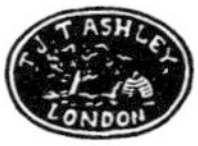

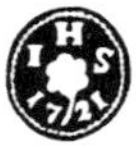

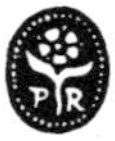

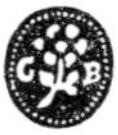

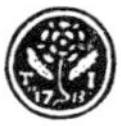

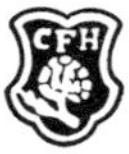

1139	Johann Hinrich WULFF Eutin – D 2. Drittel d. 18. Jh.
1140	Bernhard Christian BÖTTGER Lübeck – D M 1764 † 1811
1141	Caspar Christian GIERK Parchim – D M 1804 † nach 1842
1142	Jürgen SIEBEN d. J. Lübeck – D B 1750 † 1793
1143	Johann Christian PLAGEMANN Lübeck – D B 1743 † 1766
1144	Robert MATTHEW London – GB 1. Viertel d. 18. Jh.
1145	Samuel PRIDDLE London – GB 2. Hälfte d. 18. Jh.
1146	John PAXTON London – GB 1. Viertel d. 18. Jh.
1147	Diedrich Christian AUGUSTINS Lübeck – D B 1764 † 1812
1148	Stephen COX Bristol – GB † 1754
1149	Samuel BOSS London – GB Wende 17./18. Jh.

1150 Henry BRASTED
London – GB
Ende d. 17. Jh.

1151 John BASKERVILLE
London – GB
Ende d. 17. Jh.

1152 William DREW
Glasgow – GB
um 1800

1153 William CHARLESLEY
London – GB
† 1770

1154 William Cornelius SWIFT
London – GB
1. Drittel d. 19. Jh. † 1832

1155 RAPPERSWIL – CH

1156 William NEWHAM
London – GB
1. Viertel d. 18. Jh.

1157 Mathias RUNDQUIST
Karlskrona – S
1778 – 1820

1158 Petter LAGERWALL
Jönköping – S
M 1739 † 1747

1159 EICHSTÄTT – D

1160 Melchior LEFFLER
Visby – S
1748 – 1791

1161 Isaak LEHMANN
Wittstock – D
M 1648 † 1684

1162 Claus BONNEWITZ
Lübeck – D
B 1760 † 1777

1163 August Wenzel Ferd. SCHÜTZ
Wismar – D
M 1843

1164 Johann Matthias
TIMMERMANN d. Ä.
Hamburg – D
M 1744

1165 Johann Ludwig KUNST
Hamburg / Harburg a. d. Elbe – D
M 1755 – 1779

1166 Gottfried KÖNIGSHAFEN d. J.
Gdańsk (Danzig) – PL
M 1731

1167 Johann KLEINFELDT
Elbląg (Elbing) – PL
M 1690

1168 Johann Friedrich PALISCH d. Ä.
Bautzen – D
M 1761

1169 Abraham Gottlieb KOHL
Bautzen – D
M 1685 † 1719

1170 Johann Tobias ECKERT
Celle – D
M 1728 † 1756

1171 Joachim Heinrich KAMFFER d. Ä.
Zagań (Sagan) – PL
M 1696 † 1743

1172 Johann Heinrich SCHARP d. Ä.
Hamm – D
1740 † 1768

1173		Georg BRANDL Karlovy Vary (Karlsbad) – CZ um 1750
1174		Henry APPLETON London – GB 2. Hälfte d. 18. Jh.
1175		CRAILSHEIM – D
1176		Johann Georg HALBRITTER Crailsheim – D M 1794
1177		Hans ASMUSSEN Flensburg – D M 1723
1178		Johann Jacob KOOKE Eutin – D M 1760 † 1804
1179		Frantz Hinrich AHRENS Bergedorf – D 1731
1180		Jacob Hinrich OTTO Lübeck – D M 1750 † 1784
1181		Immanuel Gotthelf LUTTERE Dinkelsbühl – D *1771 † 1842
1182		William FARMER London – GB um Mitte d. 18. Jh.
1183		Johann Hermann MEYER Hamburg – D M 1802 † nach 1830

1184	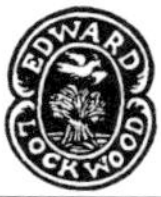	Edward LOCKWOOD London – GB † 1819
1185	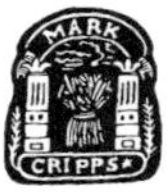	Mark CRIPPS London – GB † 1776
1186	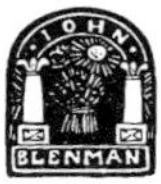	John BLENMAN London – GB 1. Hälfte d. 18. Jh.
1187	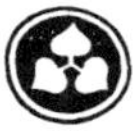	HANNOVER – D
1188	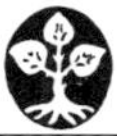	LINDAU – D
1189	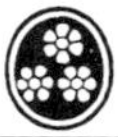	NAMYSŁOW (NAMSLAU) – PL
1190	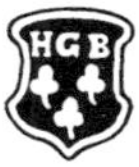	Hans Gottlieb BINTZ Bytom (Beuthen) – PL 1. Viertel d. 18. Jh.
1191	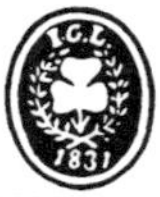	I. G. LOEFFLER Fürth – D M 1831
1192	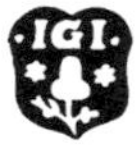	Johann Georg JUNG Isny – D M 1747 (?) † 1777
1193	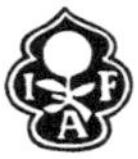	Johann Friedrich APPEL Celle – D M 1790 † 1826
1194	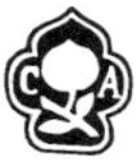	Christian APPEL Celle – D B 1758 † 1800
1195	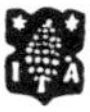	John ANSELL London – GB 1. Viertel d. 18. Jh.

1196	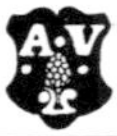	AUGSBURG – D
1197	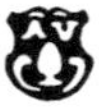	AUGSBURG – D
1198	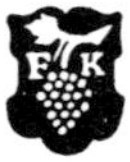	Friedrich KANDT Brzeg (Brieg) – PL *1615 † 1669
1199	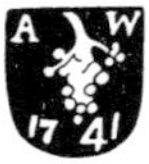	George Adam WERNER Strzelce Krajeńskie (Friedeberg) – PL M 1741
1200	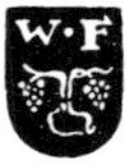	WEINFELDEN – CH
1201	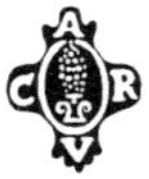	Christoph RUPRECHT Augsburg – D M 1718
1202	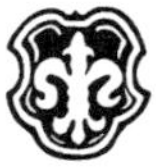	NYSA (NEISSE) – PL
1203	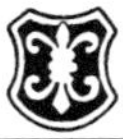	DEMMIN – D
1204	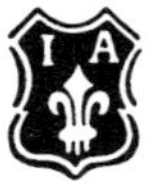	Johan ANJOU Gävle – S 1763 – 1804
1205	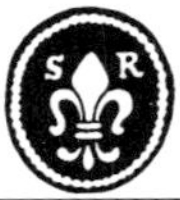	Simon REINBACHER Graz – A M 1803
1206	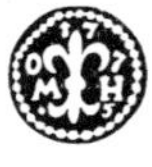	Michael HOLLÄNDER Schleswig – D M 1707 † vor 1735
1207	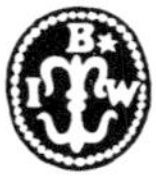	Joachim BONNEWITZ Marne – D 2. Hälfte d. 18. Jh.

1208	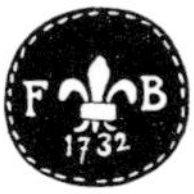	François BEAUSSIER Angers – F 1732
1209	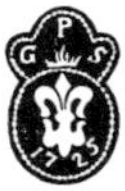	Gunder Pedersen SCHMIDT Odense – DK 1725
1210	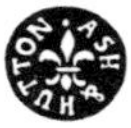	ASH & HUTTON Bristol – GB um 1760
1211	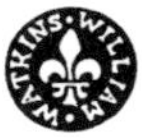	William WATKINS Bristol u. Brecon – GB 1. Hälfte d. 18. Jh.
1212	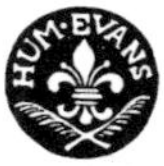	HUMPHREY Exeter – GB ca. 1730 – 1780
1213	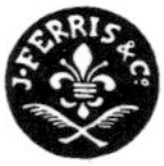	John FERRIS & Co. Exeter – GB 1780 – 1795
1214	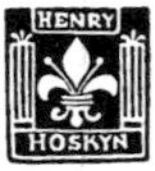	Henry HOSKYN Launceston – GB ca. 1680 – 1730
1215	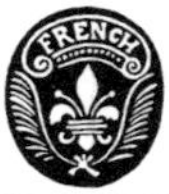	John FRENCH Bristol – GB letztes Viertel d. 18. Jh.
1216	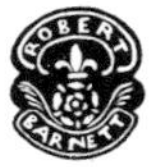	Robert BARNETT London – GB Wende 18./19. Jh. † 1829
1217	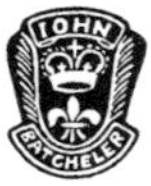	John BATCHELER Bristol – GB † 1713 (?)
1218	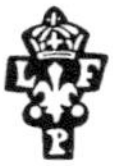	Meister L F Paris – F 17. Jh.

1219	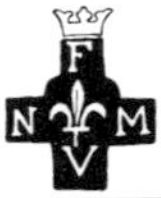	N. F. MARCHAND Versailles – F 1737
1220	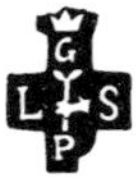	Louis Gabriel SAMAIN Montargis – F um 1766
1221	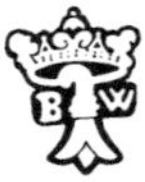	Bernhard WICK Basel – CH M 1721 † 1747
1222	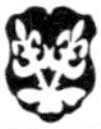	TRAUNSTEIN – D
1223	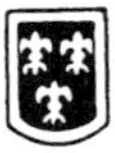	Johann Gottlieb LENTZ Kołobrzeg (Kolberg) – PL B 1788
1224	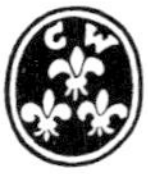	Johann Friedrich Carl WINCLER Wismar – D M 1837 † 1845
1225	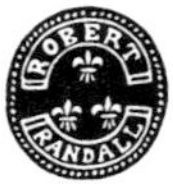	Robert RANDALL London – GB Mitte d. 18. Jh.
1226	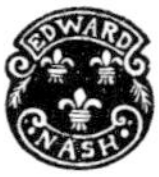	Edward NASH London – GB 1. Hälfte d. 18. Jh.
1227	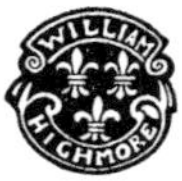	William HIGHMORE London – GB nach 1741
1228	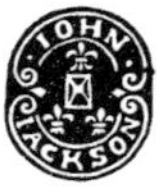	John JACKSON London – GB 1731 – 1743
1229	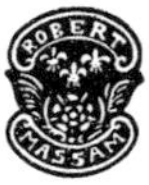	Robert MASSAM London – GB 2. Drittel d. 18. Jh.
1230	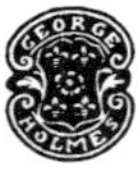	George HOLMES London – GB nach 1742

1231	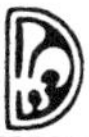 STRASBOURG (STRASSBURG) – F
1232	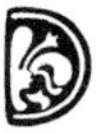 STRASBOURG (STRASSBURG) – F
1233	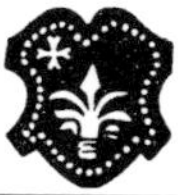 SCHWYZ – CH
1234	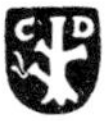 Christoph DÜRR Annaberg – D M 1650 † 1682
1235	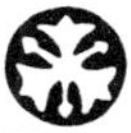 NEUMÜNSTER – D
1236	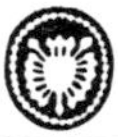 ELMSHORN – D
1237	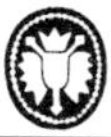 FRIEDRICHSTADT – D
1238	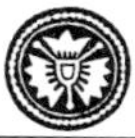 FLENSBURG – D
1239	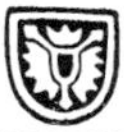 ECKERNFÖRDE – D
1240	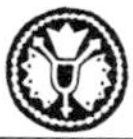 TØNDER – DK
1241	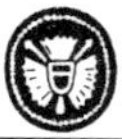 HUSUM – D
1242	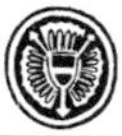 KIEL – D
1243	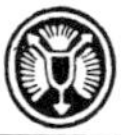 SCHLESWIG – D
1244	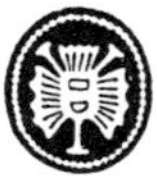 KAPPELN – D
1245	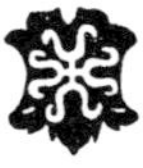 KIRCHHEIM unter Teck – D

1246	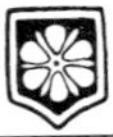	PENIG – D
1247	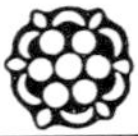	PYRZYCE (PYRITZ) – PL
1248	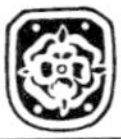	ROSENHEIM – D
1249	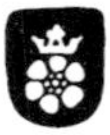	JINDŘICHŮV HRADEC (NEUHAUS) – CZ
1250	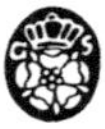	Gustav Wilhelm SCHAPKEWITZ Lijepaja (Libau) – LV 1764 – † 1802
1251	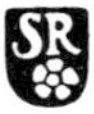	Sven Bengtsson ROOS Göteborg – S 1768 – 1802
1252	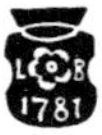	Lorenz Joachim BEATOR Lijepaja (Libau) – LV M 1781
1253	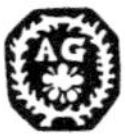	Adrian GRETH Nysa (Neisse) – PL M vor 1658 † 1700
1254	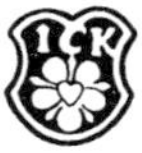	Johann Cristoph KORPISCH Świdnica (Schweidnitz) – PL M 1699 † 1738
1255	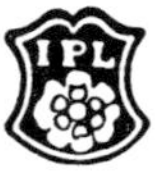	Johann Peter LANIUS Bad Mergentheim – D Wende 18./19. Jh.
1256	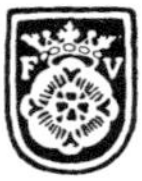	Johann Frantz VOIGT d. Ä. Karlovy Vary (Karlsbad) – CZ um 1760
1257	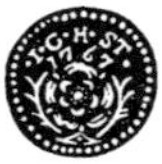	Justus Gottfried HOLSTEIN Osnabrück – D M 1767 † 1818

1258	Johann Christian Wilhelm BIERMANN Osnabrück – D M 1778 – 1817
1259	Eberhard Friedrich HOLSTEIN Osnabrück – D M 1808 † 1825
1260	John SMITH Edinburgh – GB um 1730
1261	Sebald STOY Nürnberg – D 1. Viertel d. 17. Jh.
1262	Robert BONYNGE Boston – GB 1731 – 1763 (?)
1263	Heinrich Christian STEINFORTH Zwischenahn – D M 1842
1264	Robert LOWELL Bristol – GB um Mitte d. 18. Jh.
1265	F. van den BOGAARD Hertogenbosch – NL 19. Jh.
1266	Johann JANSHEN Emden – D M 1829 – 1863
1267	Johann Reiners MÜLLER Leer – D *1865 † 1929
1268	Johann Bernhard Christoph RONSTADT Leer – D *1812 † 1860

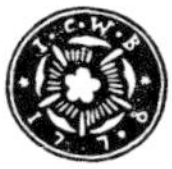

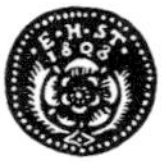

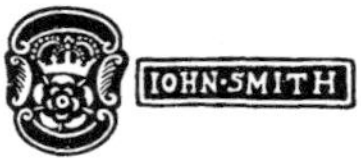

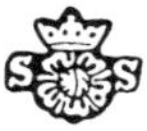

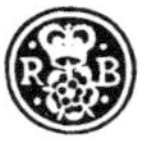

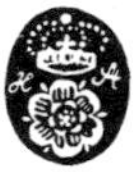

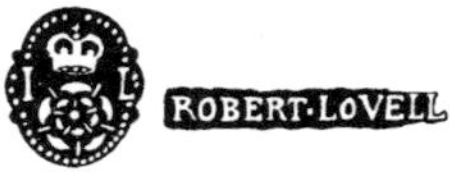

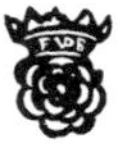

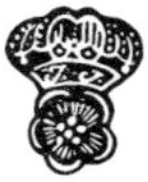

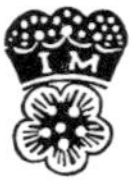

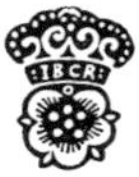

1269	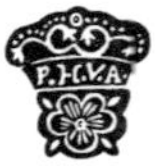	Philipp Herlyn van AMEREN Emden – D M 1842 † 1877
1270	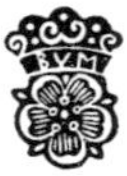	Berend van MEKELENBORG Leer – D *1751 – 1820 † 1834
1271	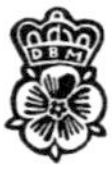	Diedrich BAHLMANN Quakenbrück – D *1682 † 1745
1272	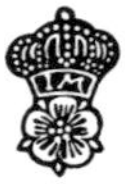	Johann MEINJOHANNS Papenburg – D 1867 – 1911
1273	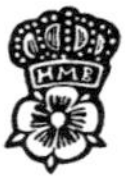	Hilbert MÜHLENBERG Papenburg – D 1. Viertel d. 19. Jh.
1274	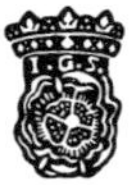	Johann Gerberhard SCHULTE Quakenbrück – D *1673 † 1741
1275	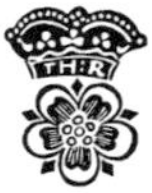	Theodor RONSTADT Leer – D *1786 – 1837
1276	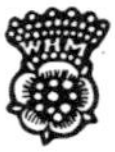	Wilhelm HATTERMANN I. Aurich – D B 1700 † 1722
1277	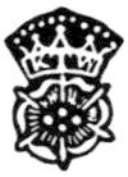	Klaas ter WEE Aurich – D B 1849 – 1897
1278	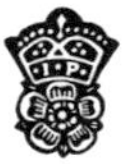	Meister I P NL Ende d. 17. Jh.
1279	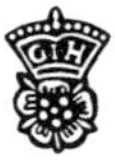	Gerhard HULLMANN Cloppenburg – D *1788 † 1860

1280 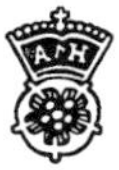 Anton HULLMANN
Cloppenburg – D
*1753 † 1819

1281 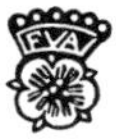 Freerk van AMEREN
Emden – D
M 1814 – 1851

1282 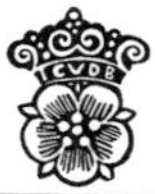 Johann Christoph von der BURG
Emden – D
M 1743 † vor 1792

1283 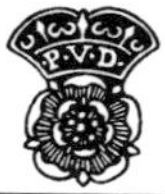 P. van DOORN
Utrecht – NL

1284 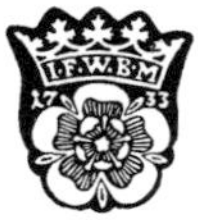 Johann Friedrich Wilhelm BROCK-MANN
Hamburg – D
M 1733 † vor 1764

1285 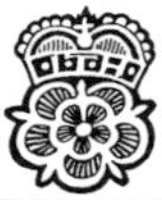 Unbekannter Meister
NL
17. Jh.

1286 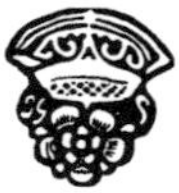 Johann George STIER
Tallinn (Reval) – EST
B 1720 † 1767

1287 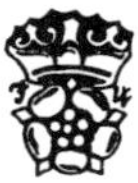 Jochim WEISS
Tallinn (Reval) – EST
B 1657

1288 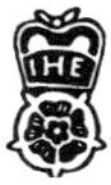 Johann Heinrich ECKHOLT
Haselünne – D
*1744 † 1828

1289 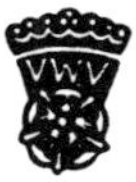 Uve Willems Aden UVEN
Norden – D
*1745 † 1833

1290 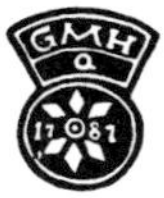 Gerhard Matthias HÖLSCHER
Quakenbrück – D
M 1787 † 1841

1291	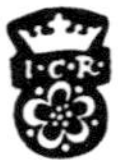	Meister I C R Braşov (Kronstadt) – RO 18. Jh. (?)
1292	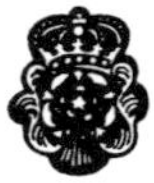	John LANGTON London – GB 2. Drittel d. 18. Jh.
1293	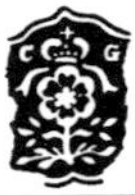	Carl GLAUCHE Miskolc – H 1835 – 1842
1294	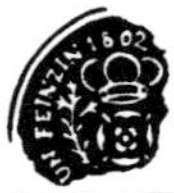	Georg Friedrich BRAUN Györ (Raab) – H M 1802 – 1825
1295	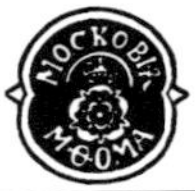	FOMA Moskwa (Moskau) – RUS 1725
1296	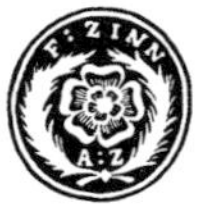	Anton ZAMPONI Wiener Neustadt – A 1818 – 1837 Mariazell – A 1837 – 60er Jahre d. 19. Jh.
1297	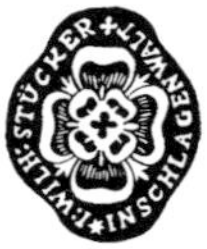	Johann Wilhelm STÜCKER Horní Slavkov (Schlaggenwald) – CZ 18. Jh.
1298	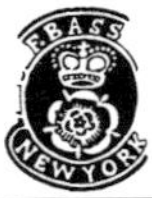	Frederick BASSETT New York – USA 1761 – 1780
1299	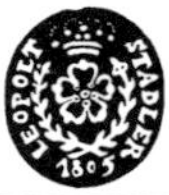	Leopold STADLER Budapest – H 1805 – 1836
1300	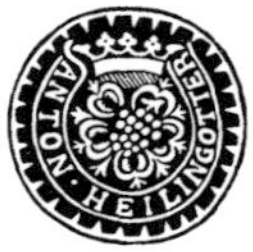	Anton HEILLINGÖTTER Karlovy Vary (Karlsbad) – CZ 1806

1301 Sebastian JURAME
Budapest – H
1773 – 1791

1302 Johann WERWIZGI
Györ (Raab) – H
M 1755 – 1788

1303 Peter MARCHIONINI
Sopron (Ödenburg) – H
1803 – 1839

1304 Franz Ludwig ZIMM
Wien – A
Mitte d. 19. Jh.

1305 John JUPE
London – GB
1735 – † 1781

1306 Archibald INGLIS
Edinburgh – GB
† ca. 1777

1307 Joseph JEFFERYS
London – GB
3. Viertel d. 18. Jh.

1308 William BATHUS
London – GB
Ende d. 18. Jh.

1309 Henry SMITH
London – GB
1. Hälfte d. 18. Jh.

1310 William BAMPTON
London – GB
1742 – 1799 (?)

1311 John DOLBEARE
Ashburton – GB
† 1761

1312		Arthur WHARTON York – GB 18. Jh.
1313		Joseph WINGOD London – GB 18. Jh.
1314		Johann Anton SAGEMÜLLER Neuenburg – D M 1807 † 1839
1315		Hermann Wilhelm PETERSEN Tallinn (Reval) – EST B 1767 † 1798
1316		James BUTCHER d. J. Bridgwater, Somerset – GB um 1720
1317		Christoph Dietrich PETERSEN Varel – D 1750 – 1782
1318		Joseph LEDERER Györ (Raab) – H B 1773 – vor 1802
1319		Samuel Friedrich SCHULTZ Praha / Staré Město (Prag – Altstadt) – CZ M 1738 † 1771
1320		Joseph Samuel MITTERBACHER Praha / Staré Město (Prag – Altstadt) – CZ M 1786 † 1805
1321		G. C. PITTEROFF Karlovy Vary (Karlsbad) – CZ 18. Jh.
1322		Abraham KUPFERSCHMIDT Tallinn (Reval) – EST M 1758 – 1797

1323	MOSKWA (MOSKAU) – RUS
1324	Iwan OSIPOW Moskwa (Moskau) – RUS um 1742
1325	MOSKWA (MOSKAU) – RUS

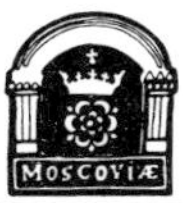

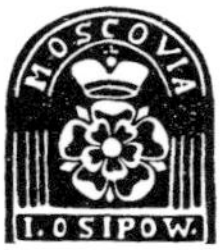

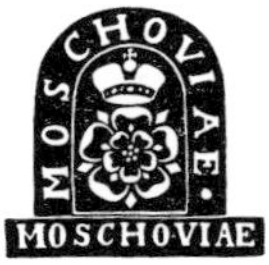

Architektur

1326	NYKÖPING – S
1327	ZAGAŃ (SAGAN) – PL
1328	John WEBER Junr. Barnstaple – GB 1680 – 1735
1329	DÖMITZ – D
1330	DEGGENDORF – D
1331	KRONACH – D
1332	SIGHIȘOARA (SCHÄSSBURG) – RO
1333	LICHTENSTEIN – D
1334	LAUENBURG / ELBE – D

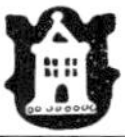

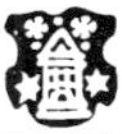

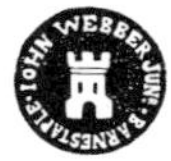

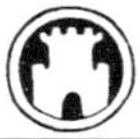

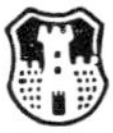

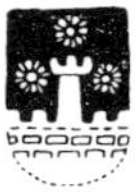

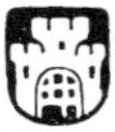

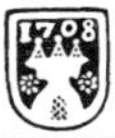

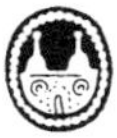

1335	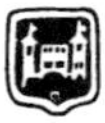	HÄMEENLINNA – FIN
1336	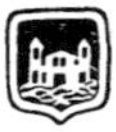	NYSLATT – FIN
1337	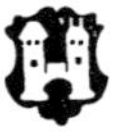	BRUGG – CH
1338	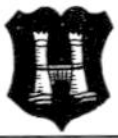	BRUGG – CH
1339	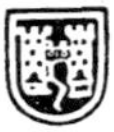	LINZ – A
1340	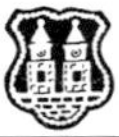	WILDSRUF – D
1341	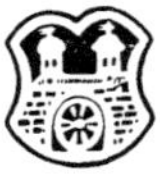	OEDERAN – D
1342	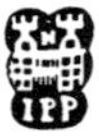	J. P. PFEIFFER Wiener Neustadt – A Beginn d. 18. Jh.
1343	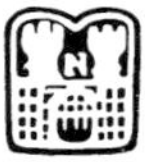	WIENER NEUSTADT – A
1344	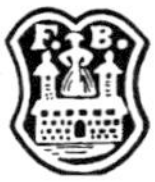	FRANKENBERG – D
1345	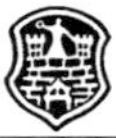	MAGDEBURG – D
1346	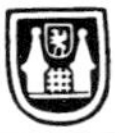	SCHWEDT – D
1347	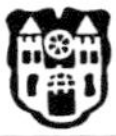	RADSTADT – A
1348	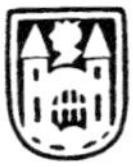	WAIDHOFEN a. d. Ybbs – A

1349		WELS – A
1350		ZIELONA GÓRA (GRÜNBERG) – PL
1351		PLAUEN – D
1352		PRAHA / NOVÉ MĚSTO (PRAG – NEUSTADT) – CZ
1353		WAREN – D
1354		ITZEHOE – D
1355		Johann Georg AUER Rothenburg o. d. Tauber – D M 1758
1356		HAVELBERG – D
1357		ČESKÁ LÍPA (BÖHMISCH LEIPA) – CZ
1358		STOLLBERG – D
1359		Alexander BROWN Edinburgh – GB 1. Viertel d. 18. Jh.
1360		Andrew KINNEAR Edinburgh – GB 2. Hälfte d. 18. Jh.

1361	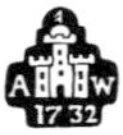	Alexander WRIGHT Edinburgh – GB 18. Jh.
1362	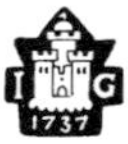	John GLOVER Edinburgh – GB 18. Jh.
1363	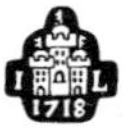	John LETHAM Edinburgh – GB † 1756
1364	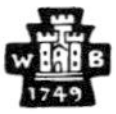	William BALLANTYNE Edinburgh – GB 18. Jh.
1365	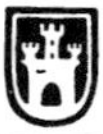	JÖNKÖPING – S
1366	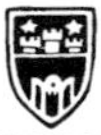	SOPRON (ÖDENBURG) – H 17. Jh.
1367	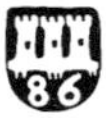	SALZBURG – A
1368	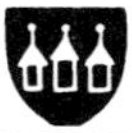	FALKÖPING – S
1369	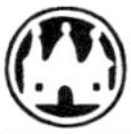	TRZEBIATÓW – PL
1370	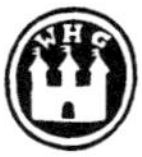	Wilhelm Heinrich GUNDLACH Wismar – D M 1773 – 1814
1371	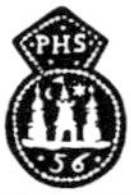	Peder HANSEN København (Kopenhagen) – DK 1656
1372	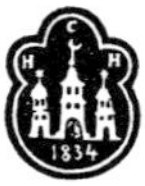	Hans HØY København (Kopenhagen) – DK M 1834
1373	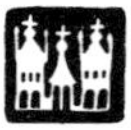	SKARA – S

1374	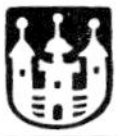 LUND – S
1375	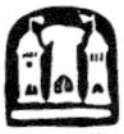 HÄLSINGBORG – S
1376	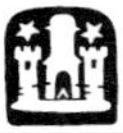 KALMAR – S
1377	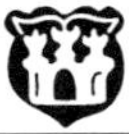 WEILHEIM – D
1378	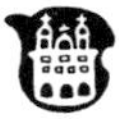 SPEYER – D
1379	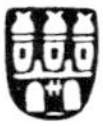 BURGHAUSEN – D
1380	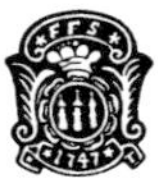 Friderich FRIDERICHSEN København (Kopenhagen) – DK M 1747
1381	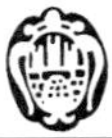 BRATISLAVA (PRESSBURG) – SK
1382	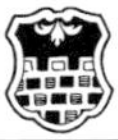 BAUTZEN – D
1383	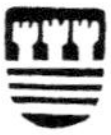 BUDAPEST – H
1384	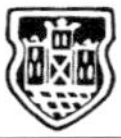 LÖSSNITZ – D
1385	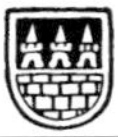 DÖBELN – D
1386	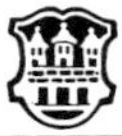 DÖBELN – D um 1700
1387	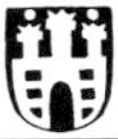 SOPRON (ÖDENBURG) – H
1388	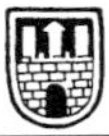 MALBORK (MARIENBURG) – PL
1389	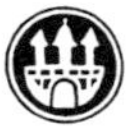 BERGEDORF – D

1390	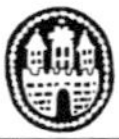	HAMBURG – D
1391	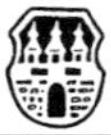	NEUBRANDENBURG – D
1392	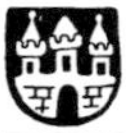	HAMBURG – D
1393	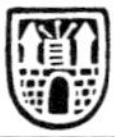	GRIMMA – D
1394	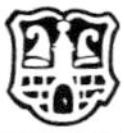	ROCHLITZ – D
1395	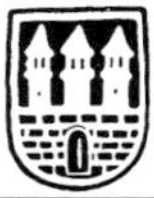	ZĄBKOWICE ŚLĄSKIE (FRANKENSTEIN) – PL
1396	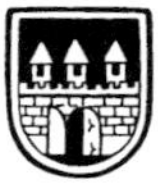	BYDGOSZCZ (BROMBERG) – PL
1397	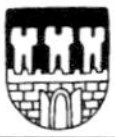	CLUJ (KLAUSENBURG) – RO
1398	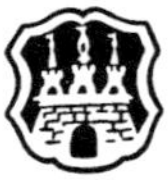	ZSCHOPAU – D
1399	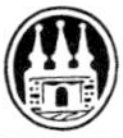	HAMBURG / ALTONA – D
1400	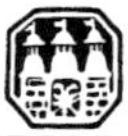	BOLESLAWIEC (BUNZLAU) – PL
1401	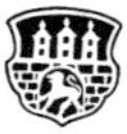	CELLE – D
1402	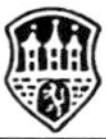	LÜNEBURG – D
1403	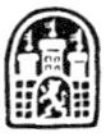	FREIBERG – D

1404 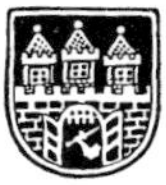 PRAHA / STARÉ MĚSTO
(PRAG – ALTSTADT) – CZ

1405 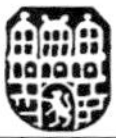 ČESKÉ BUDĚJOVICE
(BUDWEIS) – CZ

1406 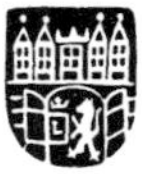 PRAHA / MALÁ STRANA
(PRAG / KLEINSEITE) – CZ

1407 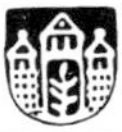 STRZELCE KRAJEŃSKIE
(FRIEDENBERG) – PL

1408 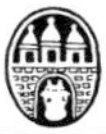 FRIEDLAND – D

1409 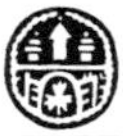 RENDSBURG – D

1410 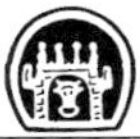 PLAU – D

1411 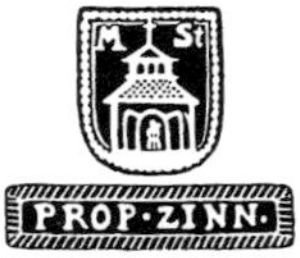 Matthaeus STARCK
Neuötting – D
B 1798

1412 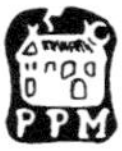 Paul Philipp MESSIER
Leutershausen – D
M vor 1732

1413 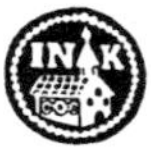 Jochim NEUENKIRCHEN
Wismar – D
M 1717 † 1754

1414 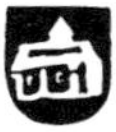 AMÅL – S

1415 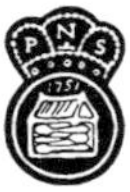 Poul NIELSEN
Aarhus – DK
M 1751

1416 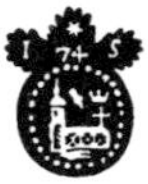 John SCHMIDT
Køge – DK
1674

1417	Wenzeslaus LEONHARD Günzburg – D M 1795
1418	Eduard Ignatius NADLER Riga – LV 1836 – † 1881
1419	Anton AICHER d. Ä. Altötting – D M 1803
1420	Nicolas RÖDER Budapest – H 1698 – 1712
1421	Thomas EDERT Budapest – H 1717 – 1741
1422	Joseph STAUDINGER Klagenfurt – A B 1813
1423	Daniel HITZ Chur – CH M 1817 (?)
1424	Kanton GRAUBÜNDEN – CH
1425	Joseph SCHMIDT Most (Brüx) – CZ 1. Hälfte d. 19. Jh.
1426	KARLSTAD – S
1427	Meister I G E Litoměřice (Leitmeritz) – CZ 18. Jh.

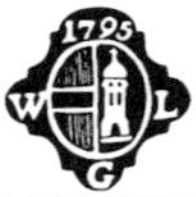

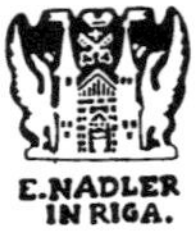

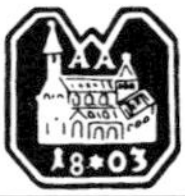

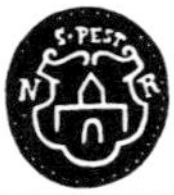

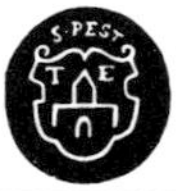

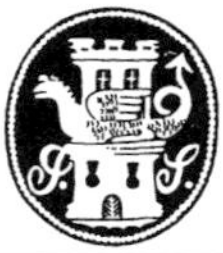

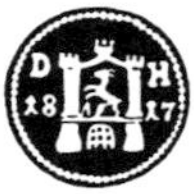

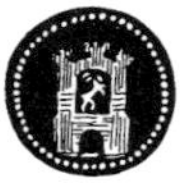

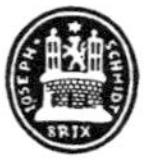

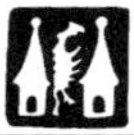

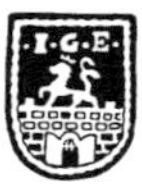

1428		MARBACH – D
1429		Johann Gottlieb ELIAS Legnica (Liegnitz) – PL M 1809 – 1828
1430		Gottlieb Benjamin SCHAMBERGER Legnica (Liegnitz) – PL *1772 (?) † 1823
1431		Ernst Hinrich Gotthelf ROESLER Zittau – D M 1825
1432		Ernst Wilhelm Gregor MÜLLER Löbau – D M 1825 † 1854

Himmelskörper und Symbole

1433		DUFLOS Le Mans – F 1748
1434		John ROGERS London – GB 1. Hälfte d. 18. Jh.
1435		John HOLLEY London – GB letztes Viertel d. 17. Jh.
1436		John BELSON London – GB † 1783
1437		George BEESTON London – GB 18. Jh.
1438		John HAYTON London – GB um Mitte d. 18. Jh.

1439	GRANSON – CH
1440	John NEATON London – GB 1. Hälfte d. 18. Jh.
1441	Charles RANDALL London – GB um 1700
1442	Thomas HUX London – GB 1. Hälfte d. 18. Jh.
1443	Hinrich Egidius JOBIN Annaberg – D 3. Viertel d. 18. Jh.
1444	Görgen ROKUS Stockholm – S 1726 – 1759
1445	GRABOW – D
1446	G. VELLUT Amiens – F 1743
1447	RAKVERE – EST
1448	MERANO (MERAN) – I 16. Jh.
1449	Christoph Ernst BORONSKY Elbląg (Elbing) – PL M 1686
1450	Carl Gotthold BREITFELD Annaberg – D M 1820 † 1869

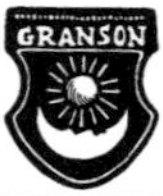

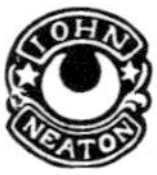

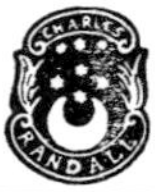

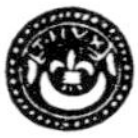

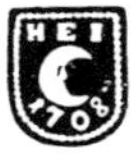

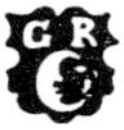

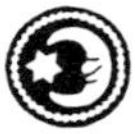

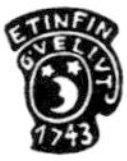

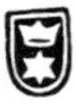

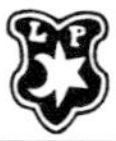

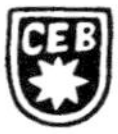

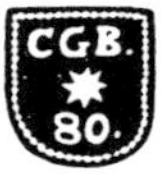

1451	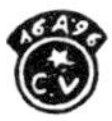	Meister V C Aignay-le-Duc – F 1696
1452	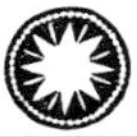	PERLEBERG – D
1453	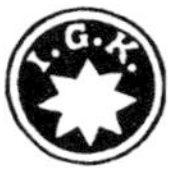	Johann Gottlob KRÜGER Wrocław (Breslau) – PL B 1820 † 1836
1454	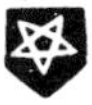	DIESSENHOFEN – CH
1455	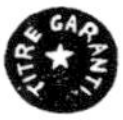	Qualitätsmarkenzeichen für l' étain creés – F 1899
1456	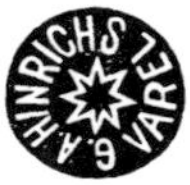	Georg August HINRICHS Varel – D *1865 † 1950
1457	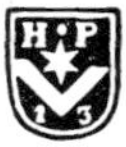	Hans PFRETZSCHNER Leipzig – D M 1645 † 1679
1458	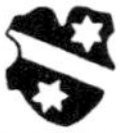	KAUFBEUREN – D
1459	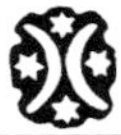	GOLENIÓW (GOLLNOW) – PL
1460	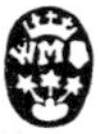	Wolfgang Michlas DAPPERT Levoča (Leutschau) – SK 1. Hälfte d. 18. Jh.
1461	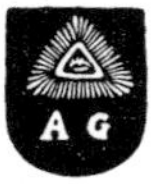	Augustin GINTZEL Kłodzko (Glatz) – PL B 1791 † 1826
1462	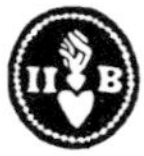	Johann Jochim BRANDT Meldorf – D 2. Drittel d. 18. Jh.

1463		J. MOUCEAU Aix-en-Provence – F 1696
1464		Johann Hinrich SCHLAPSY d. Ä. Hamburg – D B 1722 † 1749
1465		Johann Peter MARCKHARDT Kiel – D M 1746 † 1773
1466		Ludolf Hinrich TROST Schleswig – D M 1778 (Markenzeichen ab 1781)
1467		Jochim VOSS d. J. Rostock – D M 1745
1468		George WINTER London – GB 1. Hälfte d. 18. Jh.
1469		Thomas GIFFIN London – GB 2. Hälfte d. 18. Jh.
1470		Johann Christoph VOIGT Eberswalde – D M 1767 † 1790
1471		Caspar CONRADY Kappeln – D M 1756 † nach 1780
1472		Ernst Julius Albert DRESSLER Dresden – D M 1837
1473		Hans Lorentz KUPFFERSCHMIDT d. Ä. Lübeck – D B 1726 † 1763

1474 Johann Hinrich PLAS I.
Hamburg – D
M 1707 † 1749

1475 Joachim Andreas PAPE
Celle – D
M 1728 † 1753

1476 Andreas PAPE
Celle – D
M 1669 † 1707

1477 Johann PLAS II.
Hamburg – D
M 1737 † 1771

1478 Johann Hinrich PLAS III.
Hamburg – D
M 1770 † 1803

1479 Johann Heinrich PAPE I.
Celle – D
*1674 † 1724

1480 Wiedebald Rudolph GREVE
Celle – D
B 1716 † 1744

1481 Jürgen Friedrich REINHARDT
Celle – D
1720 – † 1743

1482 Martin BRANDT
Hamburg – D
M 1734 † vor 1756

1483 LOVISA – FIN

Gegenstände

1484 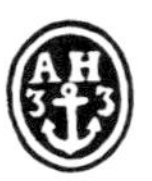

Carl Adolph Ferdinand HELDORN
Lübeck – D
B 1854 † 1893

1485	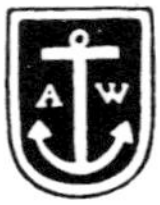	Amand WACKE Ząbkowice Śląskie (Frankenstein) – PL Ende d. 18. Jh.
1486	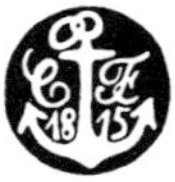	Carl Gottl. FISCHER Jelenia Góra (Hirschberg) – PL M 1815
1487	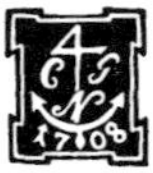	Carl Gottlob NOSTER Oschatz – D M 1800 † 1841
1488	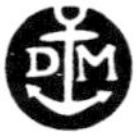	David MELVILLE Newport – USA 1776 – 1794
1489	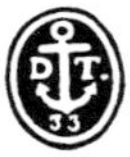	Diedrich Hinrich TIEDEMANN Lübeck – D B 1835 (?) † 1850
1490	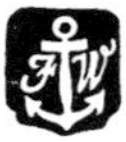	Meister I W Haapsalu – EST 1770
1491	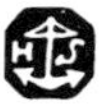	Meister H S Narva – EST um 1706
1492	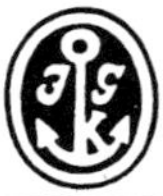	Johann Gottlieb KLEIN Złotoryja (Goldberg) – PL 1. Viertel d. 19. Jh.
1493	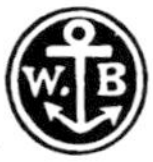	William BILLINGS Providence – USA 1791 – 1806
1494	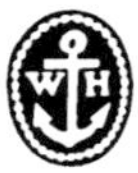	Olrik VÖSTHOFF Rostock – D M 1708 – 1723
1495	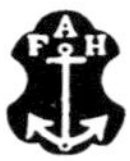	Friedrich Andreas HEROLD Hof a. d. Saale – D M 1808 (?)

No.	Name / Place / Dates
1496	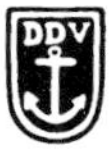 Daniel DEVEER Elbląg (Elbing) – PL M 1737
1497	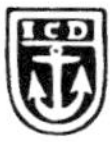 Johann Christoph DÜRMER Leipzig – D M 1756 – 1785
1498	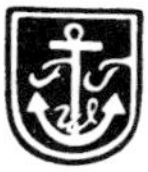 Ferdinand Thomas WECK Wrocław (Breslau) – PL B 1809 – 1835
1499	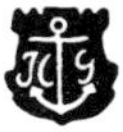 Johann Christoffer GEORGI Karlskrona – S 1731 – 1754
1500	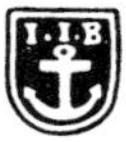 Johann Jacob BIETAU Elbląg (Elbing) – PL M 1801 † 1842
1501	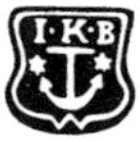 Jochim KRUMBÜGEL Güstrow – D M nach 1730 † 1787
1502	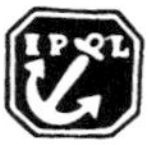 Johann Peter LESCHHORN Rudna (Raudten) – PL M 1754 (?) † 1788
1503	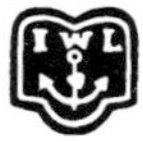 Johann Wilhelm LEHMANN Kamenz – D M 1766 † 1779
1504	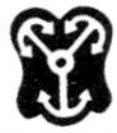 BRZEG (BRIEG) – PL
1505	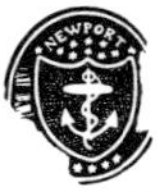 David MELVILLE Newport – USA 1776 – 1794
1506	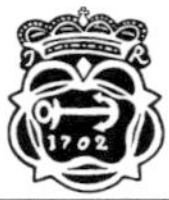 Meister I R Haapsalu – EST 1702
1507	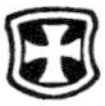 TALLINN (REVAL) – EST

1508	EUTIN – D
1509	SCHWERIN – D
1510	KÖPING – S
1511	HERRNHUT – D
1512	Johann Seb. RAIFFEL Konstanz – D 1730 – 1747
1513	Unbekannter Meister Bernay – F
1514	Claude COUROYÉ Paris – F 1689
1515	Christopher WOOCK Anklam – D B 1721
1516	Johann Peter KUNST Anklam – D M 1707
1517	Thomas LEACH London – GB 2. Drittel d. 18. Jh.
1518	Bernard BABB London – GB 1. Hälfte d. 18. Jh.
1519	William WIGHTMAN London – GB 2. Hälfte d. 18. Jh.

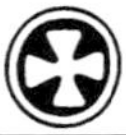

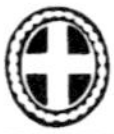

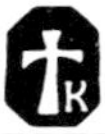

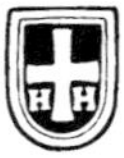

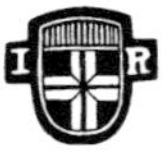

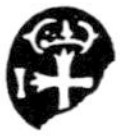

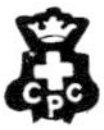

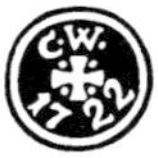

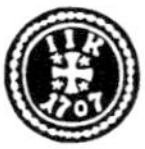

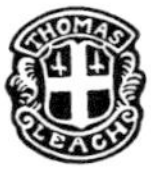

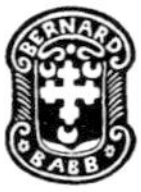

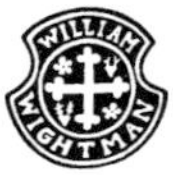

1520		Hans LAMBRECHT Wismar – D M 1703 † 1747
1521	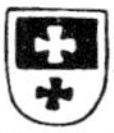	ELBLĄG (ELBING) – PL
1522	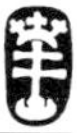	LEVOČA (LEUTSCHAU) – SK
1523	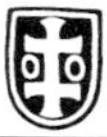	WSCHOWA (FRAUSTADT) – PL
1524		Peter SCHUMACHER Demmin – D M 1767 – 1772
1525	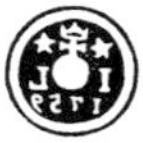	I. LUSSEAU Tours – F 1759
1526	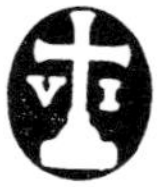	Johannes VETTERLE Landsberg – D M 1765 (?) – 1790
1527	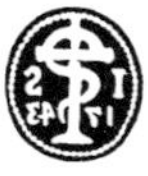	Johann SCHLICKER Hamburg – D M 1743
1528	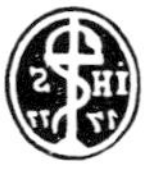	Johann Hermann SCHLICKER Hamburg – D M 1777 † 1810
1529	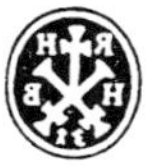	Rudolf Hinrich HASSBERG Hamburg – D M 1731 † 1767
1530		KOŁOBRZEG (KOLBERG) – PL
1531	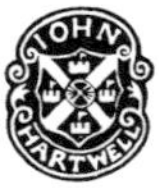	John HARTWELL London – GB 2. Drittel d. 18. Jh.
1532		VAASA – FIN

1533	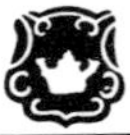	FALUN – S
1534	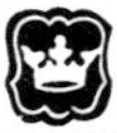	STOCKHOLM – S
1535	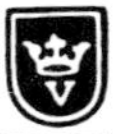	UPPSALA – S
1536	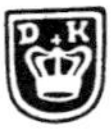	Johann David KAYSER Szczecin (Stettin) – PL B 1751
1537	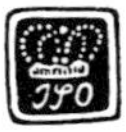	Johan Seben ONNECKEN Weener – D *1826 † 1917
1538	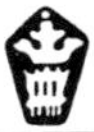	HALMSTAD – S
1539	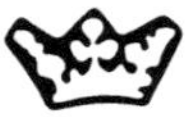	SIGTUNA – S
1540	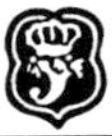	LANDSKRONA – S
1541	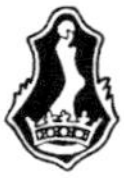	James YATES Birmingham – GB ca. 1800 – 1840
1542	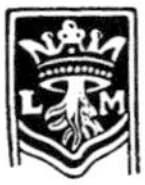	Lukas MELDT Brąsov (Kronstadt) – RO 1701 – 1735
1543	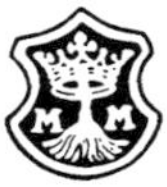	Meister M M Brąsov (Kronstadt) – RO 1761 – 1780
1544	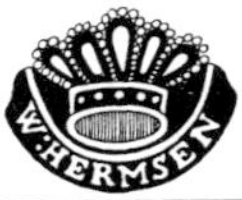	W. HERMSEN Soest – D um 1833 (?)
1545	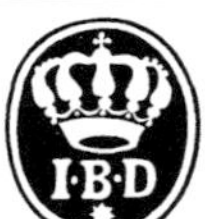	Johann Baptista DEROSSI Bruchsal – D 1870 – † 1912

1546 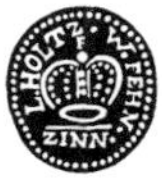 Christian Ludwig HOLTZ
Westrhauderfehn – D
nach 1848

1547 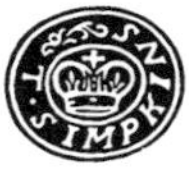 Thomas SIMPKINS
Boston – USA
1727 – 1766

1548 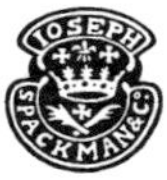 Joseph SPACKMAN & Co.
London – GB
um 1785

1549 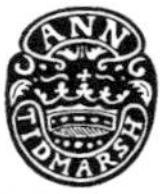 Ann TIDMARSH
London – GB
2. Viertel d. 18. Jh.

1550 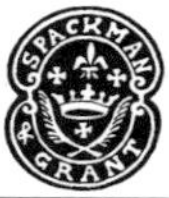 SPACKMAN & GRANT
London – GB
1. Viertel d. 18. Jh.

1551 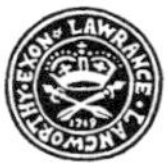 Lawrence LANGWORTHY
Exeter – GB
1719

1552 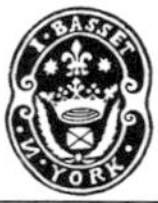 John BASSETT
New York – USA
1720 – 1761

1553 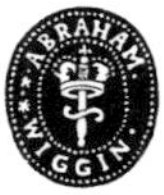 Abraham WIGGIN
London – GB
1. Hälfte d. 18. Jh.

1554 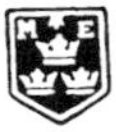 Martin EDMANN
Bautzen – D
M 1714 † 1745

1555 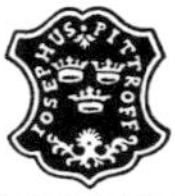 Joseph PITTROFF
Karlovy Vary (Karlsbad) – CZ
18. Jh.

1556 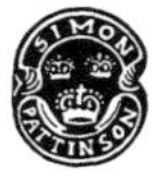 Simon PATTINSON
London – GB
1. Hälfte d. 18. Jh.

1557		MINDELHEIM – D
1558		Tobias SCHLEGEL Legnica (Liegnitz) – PL † 1672
1559		Hans WILD d. J. Jáchymov (Joachimsthal) – CZ M 1583
1560		Johann Joachim KLINGE Rehna – D M 1751 † 1781
1561		John WRIGHT London – GB 1717
1562		Johann Friedrich SIEFKEN Varel – D *1841 † 1917
1563		CANNSTATT – D
1564		Caspar MEWES d. Ä. Parchim – D M 1670 † 1730
1565		Tobias KANNENGIESSER Prenzlau – D B 1695 † 1714
1566		Meister I I P Györ (Raab) – H um 1728
1567		Andreas SCHRICK Sopron (Ödenburg) – H 1693 – 1730
1568		G. FRANK Sopron (Ödenburg) – H Mitglied in einer zwischen 1740 – 1780 wirkenden Familie

1569	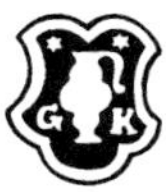	Meister G K Košice (Kaschau) – SK 17. Jh.
1570	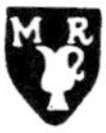	Michael RICHTER Sopron (Ödenburg) – H 1718 – 1732
1571	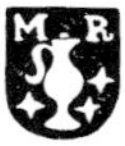	Martin RICHTER Sopron (Ödenburg) – H 1732 – 1777
1572	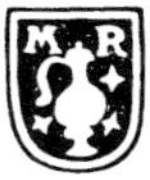	Meister M R Bratislava (Preßburg) – SK um 1744
1573	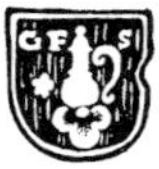	Georg Friedrich STOPR Praha / Staré Město (Prag – Altstadt) – CZ vor 1679 † nach 1708
1574	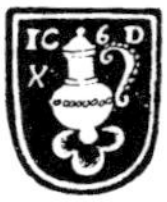	Johan Karl DIEBL Praha / Nové Město (Prag – Neustadt) – CZ B 1706 † 1720
1575	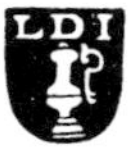	Leonhard DÜRR Jáchymov (Joachimsthal) – CZ 2. Hälfte d. 17. Jh.
1576		Christoph BÖHMER Bratislava (Preßburg) – SK B 1653 † 1664
1577	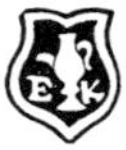	Ernst KESTER Sopron (Ödenburg) – H 1668 – 1678
1578	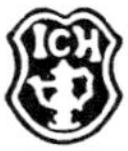	Johann Christoph HÄRLEIN Künzelsau – D 1685 – † 1729
1579		Joseph ROTH (?) Bratislava (Preßburg) – SK 1784 – † 1819

1580	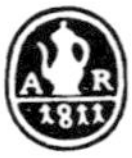	Andreas RODEMACHER Husum – D M 1811
1581	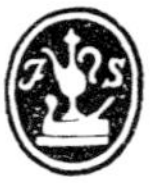	Friedrich Eckhard SPOHNHOLTZ Malchin – D M 1786 † 1811
1582	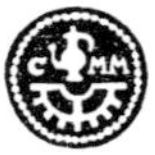	Caspar Matthias MÖLLER Wismar – D M 1740 † 1769
1583	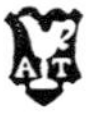	A. TRABER Luzern – CH 2. Hälfte d. 17. Jh.
1584	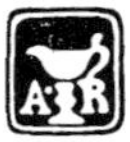	Andreas ROSS Oława (Ohlau) – PL M 1675 (?) † 1718
1585	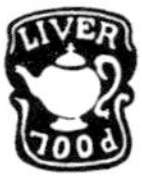	Richard HOLDEN Liverpool – GB um 1760
1586	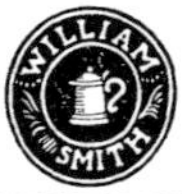	William SMITH London – GB 1732
1587	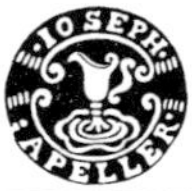	Joseph Philipp APELLER Innsbruck – A B 1754 † vor 1809
1588	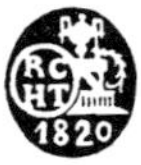	Reinhold Christoph H. TIETZE Świdnica (Schweidnitz) – PL M 1820 † 1854
1589	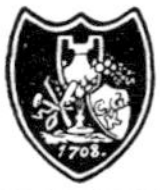	Carl Gottlob KRAUSE Meißen – D M 1819 – 1852
1590	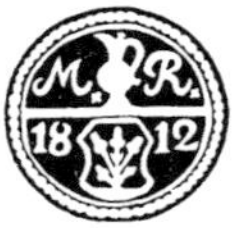	Martin RÖCKL Eichstätt – D 1. Hälfte d. 19. Jh.

1591		David CURTISS Albany – USA 1822 – 1840
1592		Jacob Friedrich VEIL Schorndorf – D M 1833 † 1850
1593		Joseph Henry GODFREY London – GB 1. Viertel d. 19. Jh.
1594		Johann Gottlob RICHTER Celle – D B 1814 † 1830
1595		Adolf Gottlob Christian Wilhelm RICHTER Celle – D M 1838 † 1849
1596		HARTON & SONS London – GB 1680 – 1690
1597		Ludwig Wilhelm SCHRADER Celle – D M 1849 † 1886
1598		Meister D S Sibiu (Hermannstadt) – RO um 1746
1599		Meister G B Sibiu (Hermannstadt) – RO 1712
1600		SIBIU (HERMANNSTADT) – RO
1601		STECKBORN – CH
1602		Jean Jacques PRÉVOST Paris – F 1732

1603		PIENIĘŻNO (MEHLSACK) – PL
1604		WITTSTOCK – D
1605		BÜTZOW – D
1606		BISCHOFSWERDA – D
1607		SOEST – D
1608		Kanton NIDWALDEN – CH
1609		BREMEN – D
1610		STADE – D
1611		Georges GRAS Angers – F 1897 – 1925
1612		A. WEYGANG Öhringen – D Heutiges Markenzeichen der 1726 gegründeten Firma
1613		Johann Abraham RAUSCHER Worms – D *1705 † 1780
1614		Diederich BERTLING Wildeshausen – D *1783 † 1821
1615		Friedrich Wilhelm NOLDE Wildeshausen – D *1807 † 1864

1616		Johann Heinrich Wilhelm VOIGT Oldenburg – D B 1848 † 1891
1617		August WEYGANG d. J. Öhringen – D 1885 – übernahm die Werkstatt des Vaters und verwendet das Markenzeichen für die nach alten Mustern angefertigten Erzeugnisse
1618		Joseph Mauritz SCHMEDES Vechta – D *1747 † 1801
1619		Johann Christian BAUMANN Delmenhorst – D *1761 † 1789
1620		Johann Christoph PAPE Oldenburg – D B 1830 – 1865 † 1882
1621		Johann Bernhard Anton ZELLER Delmenhorst – D *1797 † 1842
1622		Nicolaus Gerhard HANSMANN Oldenburg – D M 1763 † 1808
1623		Bernhard Conrad FORTMANN Oldenburg – D *1786 † 1833
1624		Paul Anton Detlev BAUMAN Oldenburg – D B 1786 † 1808
1625		PLZEŇ (PILSEN) – CZ
1626		NEUSTADT – GLEWE – D

1627	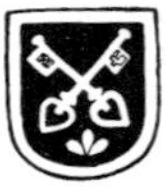	NEUCHÂTEL – CH
1628	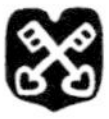	POZNAŃ (POSEN) – PL
1629	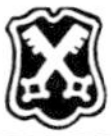	LUBAŃ (LAUBAU) – PL
1630	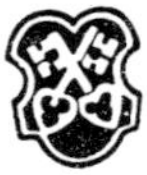	LEGNICA (LIEGNITZ) – PL
1631	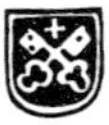	RIGA – LV
1632	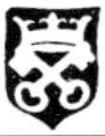	POZNAŃ (POSEN) – PL
1633	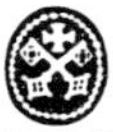	BUXTEHUDE – D
1634	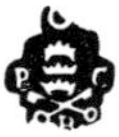	Meister P C Bordeaux – F 18. Jh.
1635	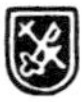	PÄRNU (PERNAU) – EST
1636	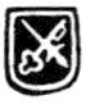	TARTU (DORPAT) – EST
1637	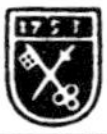	NAUMBURG – D
1638	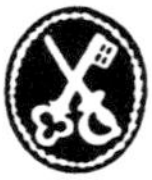	STRZEGOM (STRIEGAU) – PL
1639	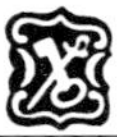	STRÄNGNÄS – S
1640	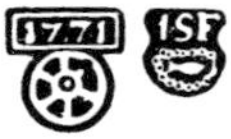	KULDIGA (GOLDINGEN) – LV

1641	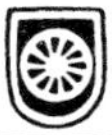	TRNAVA (TYRNAU) – SK
1642	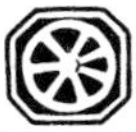	RUDNA (RAUDTEN) – PL
1643	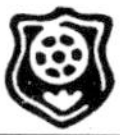	RATTENBERG – A
1644	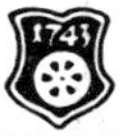	ERFURT – D
1645	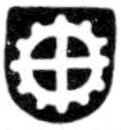	MÖLLN – D
1646	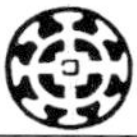	MÜHLDORF – D
1647	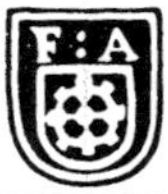	Franz ABRELL Mühldorf – D 1. Viertel d. 19. Jh.
1648	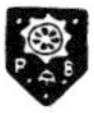	Richard BOWCHER London – GB 1. Hälfte d. 18. Jh.
1649	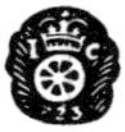	John CARR London – GB um 1700
1650	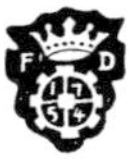	Frédéric DOLLFUS Mulhouse (Mülhausen) – F 1754 – 1768
1651	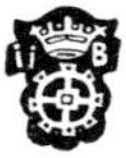	Jean Jacques BRUCKER Mulhouse (Mülhausen) – F 1738 – 1795
1652	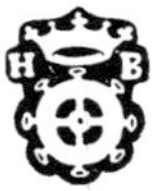	Hans BIRR Mulhouse (Mülhausen) – F *1631 † 1675
1653	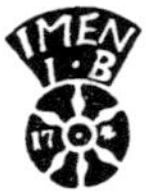	Johann Maria Elias NOTARIS Iburg – D 3. Viertel d. 18. Jh.

1654		Lübbert Diedrich BAHLMANN Quakenbrück – D *1710 – 3. Viertel d. 18. Jh.
1655		Christoph Diederich STEINMÖLLER d. J. Hamburg / Altona – D M 1766
1656		STRAUBING – D
1657		MAINZ – D
1658		SÖDERHAMM – S
1659		Benjamin FELSKE Gdańsk (Danzig) – PL M 1673
1660		HORN – A
1661		URACH – D
1662		HORNEBURG – D
1663		Friedrich Heinrich BIEMANN Hamburg – D M 1820 † nach 1852
1664		James BULLOCK London – GB um Mitte d. 18. Jh.
1665		Robert JACKSON London – GB Ende d. 18. Jh.
1666		Roger MOSER London – GB Beginn d. 19. Jh.

1667		James FIDDES London – GB 3. Viertel d. 18. Jh.
1668		Ralph BENTON London – GB Ende d. 17. Jh.
1669		William WALKER London – GB Ende d. 18. Jh.
1670		David BROCKS London – GB Beginn d. 18. Jh.
1671		Thomas HAWKINS London – GB 3. Viertel d. 18. Jh.
1672		Thomas COLLET London – GB 2. Drittel d. 18. Jh.
1673		ZOFINGEN – CH
1674		Friedrich Wilhelm GRANZOW d. Ä. Dresden – D M 1818 † 1878
1675		FASSON & SONS London – GB ca. 1784 – 1810
1676		Melchior SCHWARTZ d. Ä. Görlitz – D B 1651 † 1703
1677		LANDSHUT – D
1678		Daniel BARTON London – GB 1. Viertel d. 18. Jh.

1679	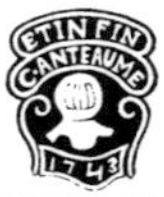	Claude ANTÉAUME Paris – F M 1743
1680	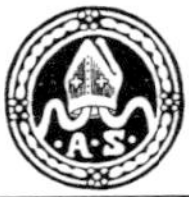	Alois SALVER Ellwangen – D M 1791 † 1832
1681	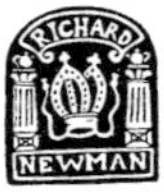	Richard NEWMAN London – GB 1747 – † 1780
1682	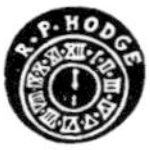	Robert Piercy HODGE London – GB letztes Viertel d. 18. Jh.
1683	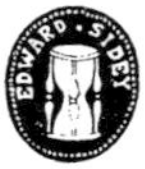	Edward SIDEY London – GB um 1773
1684	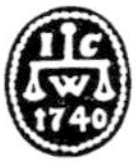	Johann Caspar WAGE Parchim – D M 1740 † 1765
1685	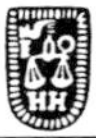	HERRNHUT – D
1686	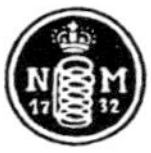	Nathaniel MEAKIN d. J. London – GB 2. Hälfte d. 18. Jh.
1687	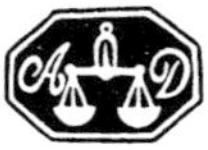	Wilhelm August DENGELHAUSEN Wrocław (Breslau) – PL B 1826 – 1868
1688	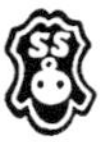	Stephan SCHELLING Ulm – D M 1716 (?) – 1765
1689	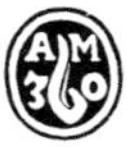	Johann Anton MELLY Bamberg – D M 1730 † vor 1776
1690	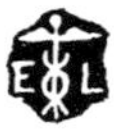	E. LAURÉOUX Paris – F 1896 – 1905

1691	BOPFINGEN – D
1692	HELSINKI – FIN
1693	Andreas OESTMANN d. Ä. Szczecin (Stettin) – PL B 1756
1694	KRISTINEHAMN – S
1695	SCHANDAU – D
1696	VÄSTERVIK – S
1697	Archibald & William COATS Glasgow – GB um 1800
1698	Stephen MAXWELL & Co. Glasgow – GB um 1800
1699	GRAHAM & WARDROP Glasgow – GB ca. 1776 – 1806
1700	Ebenezer SOUTHMAYD Castleton, Vermont – USA 1802 – 1820
1701	William ALDER Sunderland – GB um 1700
1702	Catesby CHAPMAN London – GB 1. Hälfte d. 18. Jh.
1703	Thomas DODSON London – GB 2. Hälfte d. 18. Jh.

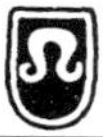

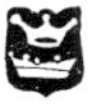

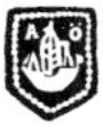

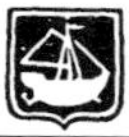

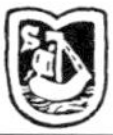

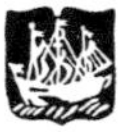

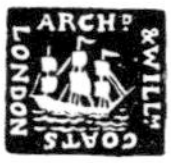

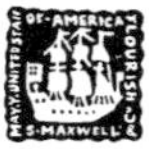

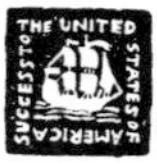

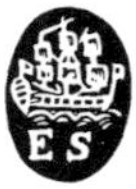

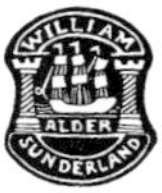

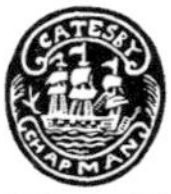

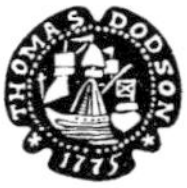

1704 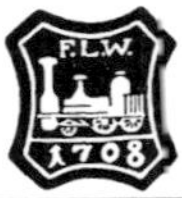 Franz Ludwig WOLF d. J.
Bischofswerda – D
M 1846

1705 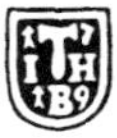 Johann Hinrich BOHT
Eckernförde – D
M 1719

1706 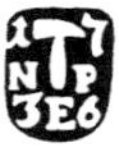 Nicolaus Ehring PETERSEN
Eckernförde – D
M 1736 † 1763

1707 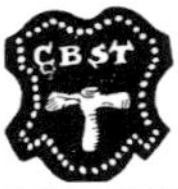 Meister C B S T
Schwyz – CH
Ende d. 17. Jh.

1708 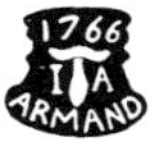 I. ARMAND
Besançon – F
1766

1709 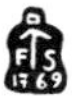 François SERGENT
Avallon – F
1730

1710 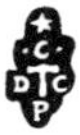 Edme-Olivier de CESNE
Triel – F
M 1736 † vor 1780

1711 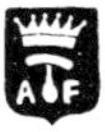 Charles Augustin FEBVRE
Arras – F
1727

1712 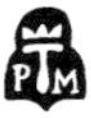 Pierre MALMOUCHE
Le Mans – F
1747

1713 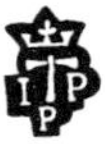 Jean PIRONNEAU
Paris – F
1726

1714 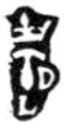 Unbekannter Meister
Abbeville – F
Beginn d. 18. Jh.

1715	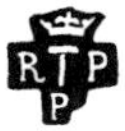	René PARAIN Paris – F 1763
1716	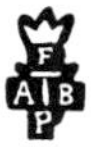	André François BOICERVOISE Paris – F M 1741
1717	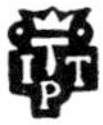	Jean TARDIF Paris – F 1716
1718	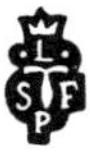	Simon LEFÈVRE Paris – F 1684
1719	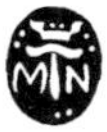	Michel NAIL Calais – F 1745
1720	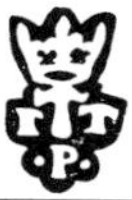	Jean TARDY Paris – F um 1716
1721	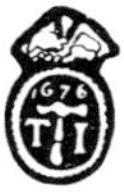	Toussaint JOUFFROY Besançon – F 1676
1722	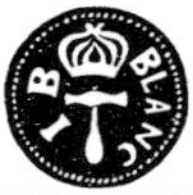	Jean-Baptiste BLANC Espalion – F 1770
1723	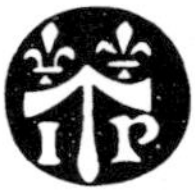	J. PETITOT Flavigny – F um 1693
1724	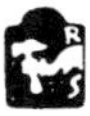	Abraham KUPFERSCHMIDT Tallinn (Reval) – EST B 1758 – 1797
1725	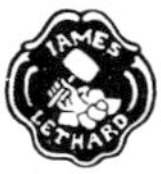	James LETHARD London – GB Mitte d. 18. Jh.

1726	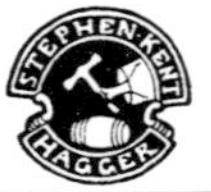	Stephen Kent HAGGER London – GB 3. Viertel d. 18. Jh.
1727	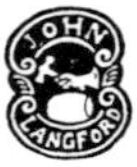	John LANGFORD London – GB 1780
1728		ESKILSTUNA – S
1729	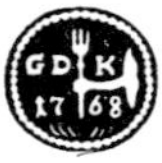	Gotthardt Diederich KOCH Hamburg – D M 1768 † 1780
1730	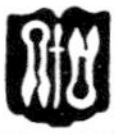	BORÅS – S
1731	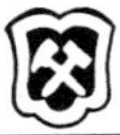	ALTENBERG – D
1732	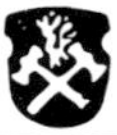	TARNOWSKIE GÓRY (TARNOWITZ) – PL
1733	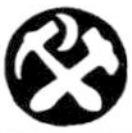	SALA – S
1734	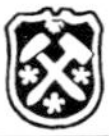	ALTENBERG – D
1735	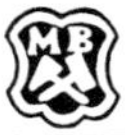	MARIENBERG – D
1736	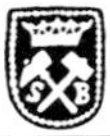	SCHNEEBERG – D
1737	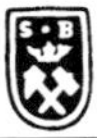	SCHWARZENBERG – D
1738	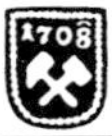	EIBENSTOCK – D
1739	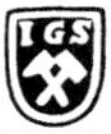	JOHANNGEORGENSTADT – D
1740	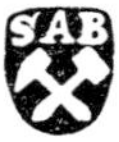	ANNABERG – D

1741	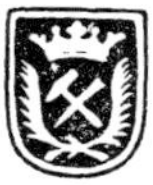	BEČOV nad TEPLOU (PETSCHAU) – CZ
1742	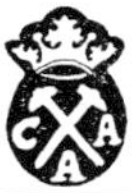	BAIA-MARE – RO
1743	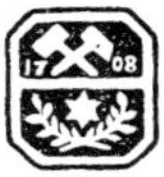	MEISSEN – D Markenzeichen auf neueren Gegenständen, die alte nachahmen
1744	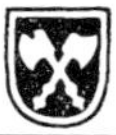	BIEL – CH
1745	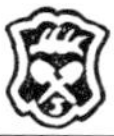	SCHORNDORF – D
1746	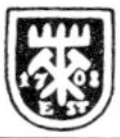	EIBENSTOCK – D
1747	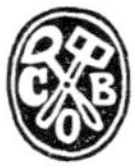	Carl BEHMANN II. Oldenburg – D 1934 – 1942
1748	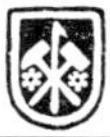	GEISING – D
1749	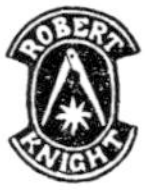	Robert KNIGHT London – GB letztes Viertel d. 18. Jh.
1750	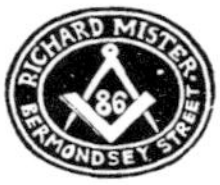	Richard MISTER London – GB Beginn d. 19. Jh. † 1839
1751	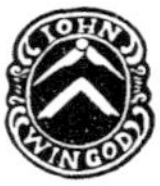	John WINGOT London – GB ab Mitte d. 18. Jh. – † 1784
1752	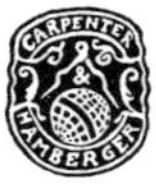	CARPENTER & HAMBERGER London – GB Ende d. 18. Jh.

1753	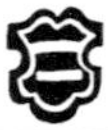 OLDENBURG – D
1754	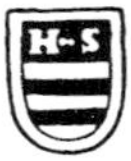 Meister H S Cluj (Klausenburg) – RO 17. Jh.
1755	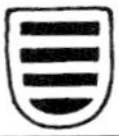 BANSKÁ BYSTRICA (BISTRITZ) – SK
1756	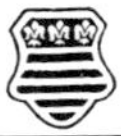 KOŠICE (KASCHAU) – SK
1757	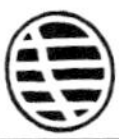 LOHR a. M. – D
1758	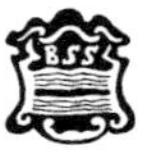 Bengt STÅHLSTRÖM II. Kalmar – S 1742 – 1765
1759	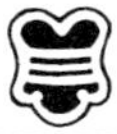 BISTRIȚA – RO
1760	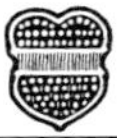 HORB a. N. – D
1761	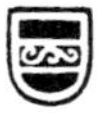 ZUG – CH
1762	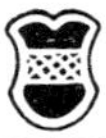 FREYSTADT – A
1763	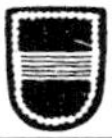 STARGARD SZCZECIŃSKI (STARGARD) – PL
1764	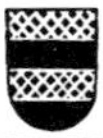 ZOFINGEN – CH
1765	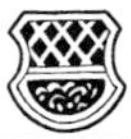 SOLOTHURN – CH
1766	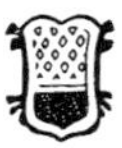 ULM – D

1767	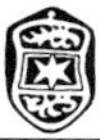	BOLZANO (BOZEN) – I
1768	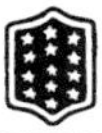	WALLIS – CH
1769	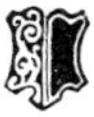	LUZERN – CH
1770	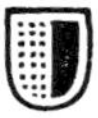	BURGDORF – CH
1771	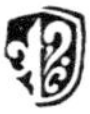	BEROMÜNSTER – CH
1772	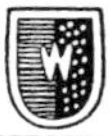	VEVEY – CH
1773	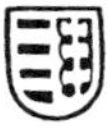	GYÖR (RAAB) – H
1774	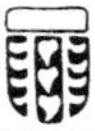	BREGENZ – A
1775	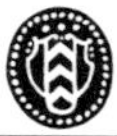	OPAVA (TROPPAU) – CZ
1776	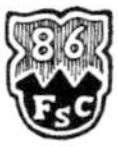	Frantz Caspar SCHMIDT d. Ä. Würzburg – D M 1733 † nach 1766
1777	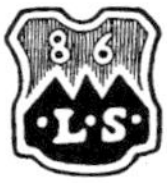	Lorentz STEGER Würzburg – D M 1728 † 1756
1778	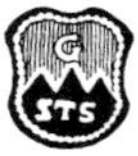	Georg Stephan SEITZ Gerolzhofen – D M 1745 † nach 1772
1779	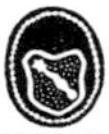	COLMAR – F
1780	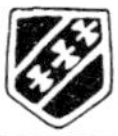	NANCY – F
1781	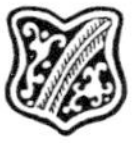	STRASBOURG (STRASSBURG) – F

1782	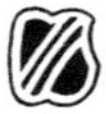	STRASBOURG (STRASSBURG) – F
1783	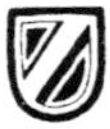	KARLSRUHE – D
1784	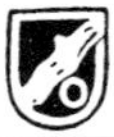	ANSBACH – D
1785	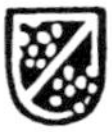	BADEN-BADEN – D
1786	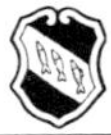	RHEINECK – CH
1787	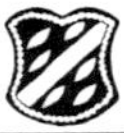	LEISNIG – D
1788	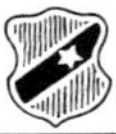	THUN – CH
1789	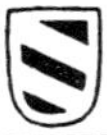	WALDENBURG – D
1790	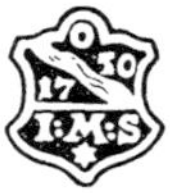	Johann Michael SCHAEFFER I. Ansbach – D M 1750 – 1785
1791	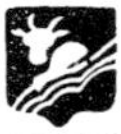	MARIESTAD – S
1792	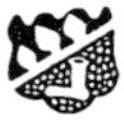	RIED – A
1793	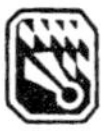	SCHÄRDING – A
1794	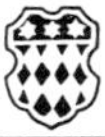	DINGOLFING – D
1795	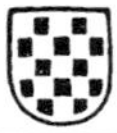	JAWOR (JAUER) – PL
1796	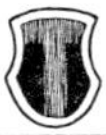	BADEN – CH
1797	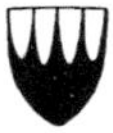	GEROLSHOFEN – D

1798	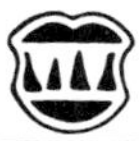 TŘEBÍČ (TREBITSCH) – CZ
1799	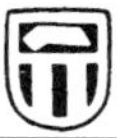 LEIPZIG – D
1800	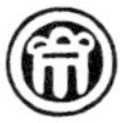 FELDKIRCH – A
1801	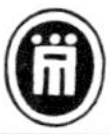 MONTFORT – CH
1802	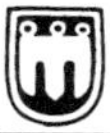 TÜBINGEN – D
1803	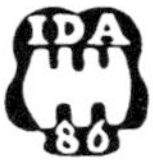 Johann Daniel ALTENBERGER Kitzingen – D M 1733 † 1786
1804	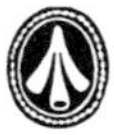 STRALSUND – D
1805	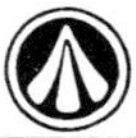 ANKLAM – D
1806	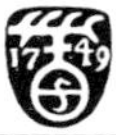 BACKNANG – D
1807	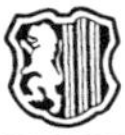 DRESDEN – D
1808	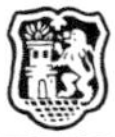 MEISSEN – D
1809	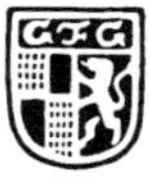 Gustav Friedrich GÜNTZLER Uffenheim – D M 1793
1810	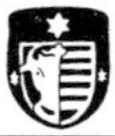 PENZLIN – D
1811	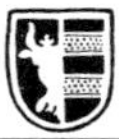 WISMAR – D
1812	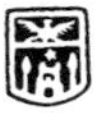 BRIG – CH

1813	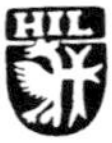 Hans Jacob LOCKER III. Memmingen – D 1740 – † 1756
1814	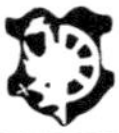 RACIBÓRZ (RATIBOR) – PL
1815	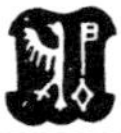 SALZWEDEL – D
1816	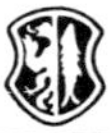 BYTOM (BEUTHEN / ODER) – PL
1817	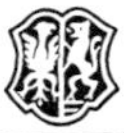 LWÓWEK ŚLASKI (LÖWENBERG) – PL
1818	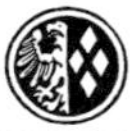 STENDAL – D
1819	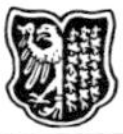 GARDELEGEN – D
1820	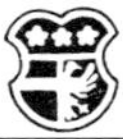 PREŠOV (EPERIES) – SK
1821	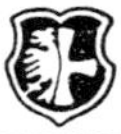 OPOLE (OPPELN) – PL
1822	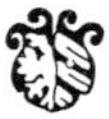 Nicolaus HORCHAIMER Nürnberg – D M 1561 † 1583
1823	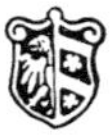 Michel RÖSSLER d. Ä. Nürnberg – D M 1596 † 1635
1824	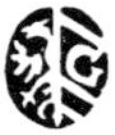 Hans Sigismund GEISSER Nürnberg – D M 1652 † 1682
1825	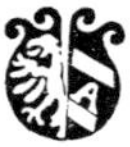 Albrecht PREISSENSIN Nürnberg – D M 1564 † 1598
1826	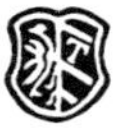 Andreas DAMBACH Nürnberg – D M 1627 † 1650

1827	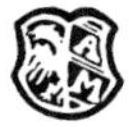	Andreas MERGENTHALER Nürnberg – D M 1596 † 1635
1828	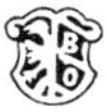	Paulus ÖHAM d. J. Nürnberg – D M 1634 † 1671
1829	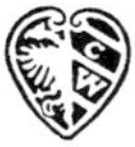	Caspar WADEL d. J. Nürnberg – D M 1656 † 1706
1830	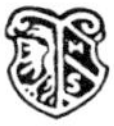	Hans SPATZ I. Nürnberg – D ab Ende d. 16. Jh. † 1641
1831	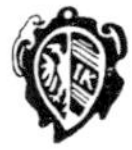	Jacob KOCH III. Nürnberg – D 1609 – † 1630
1832	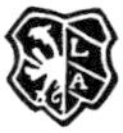	Lorentz APPEL Nürnberg – D M 1630 † 1658
1833	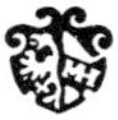	Melchior HORCHAIMER Nürnberg – D M 1583 † 1623
1834	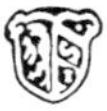	Hans SPATZ II. Nürnberg – D M 1630 † 1670
1835	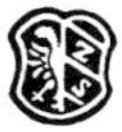	Zacharias SPATZ Nürnberg – D M 1661 † 1713
1836	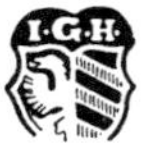	Johann Gottfried HILPERT Nürnberg – D M 1760 † 1801
1837	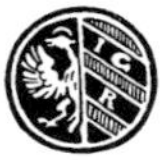	Johann Gottfried ROTHE Nürnberg – D M 1767 † 1804

1838	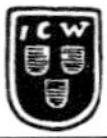	RIBEAUVILLÉ – F
1839	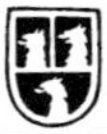	PASEWALK – D
1840	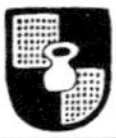	CREUSSEN – D
1841	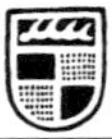	BALINGEN – D
1842	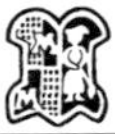	MÜNCHBERG – D
1843	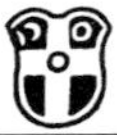	FREIBURG (Brsg.) – D
1844	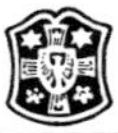	BAD MERGENTHEIM – D
1845	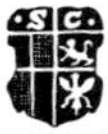	KULMBACH – D
1846	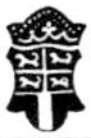	ROTTERDAM – NL
1847	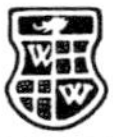	WUNSIEDEL – D
1848	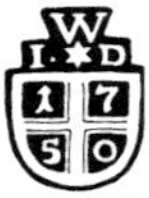	Joseph DITTL Wien – A M 1750 † nach 1787
1849	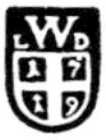	Lorenz DENGLER Wien – A B 1719
1850	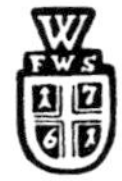	Franz SCHIMMER Wien – A B 1761
1851	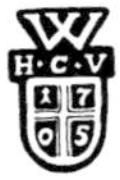	Hans Caspar VOGL Wien – A B 1705

1852	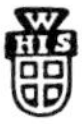	Hans Jacob SANDIG Wien – A B 1679
1853	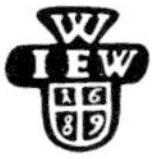	Johann Elias WEYGANDT Wien – A B 1684
1854	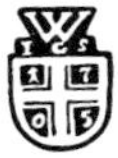	Johann Georg SIBERN Wien – A B 1729
1855	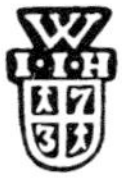	Johann Joseph HICKMANN Wien – A B 1731 † vor 1763
1856	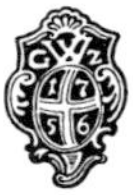	Gottfried ZELS Wien – A M 1756
1857	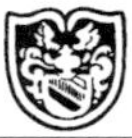	GLAUCHAU – D
1858	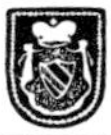	WALDENBURG – D
1859	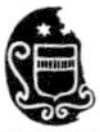	BÉTHUNE – F
1860	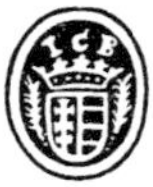	Johann Christian BAYER Györ (Raab) – H 1737 – 1748
1861	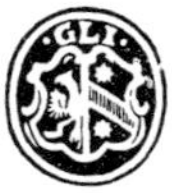	Meister G L D Kaufbeuren – D Mitte d. 18. Jh.
1862	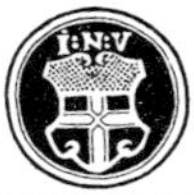	Johann Nepomuk VOGLER Konstanz – D M 1783
1863	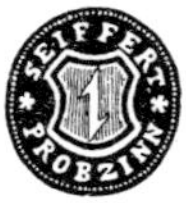	Carl Wilhelm SEIFFERT Mannheim – D M 1808 † um 1840

1864		Johann Leonhard HAERTLE Cham – D M 1844 † 1912
1865		Benjamin BACON London – GB 2. Hälfte d. 18. Jh.
1866		HAMM – D
1867		Carl HASELBACH Legnica (Liegnitz) – PL *1803 (?) †1875
1868		William de JERSEY London – GB † 1785
1869		William PHIPPS London – GB um Mitte d. 18. Jh.
1870		Richard BAGSHAW London – GB letztes Viertel d. 18. und Beginn d. 19. Jh.
1871		William ROWELL London – GB 1. Hälfte d. 18. Jh.
1872		Jonathan LEACH London – GB 18. Jh.
1873		Robert GALBRAITH Glasgow – GB um 1840
1874		Robert STANTON London – GB † 1842

1875 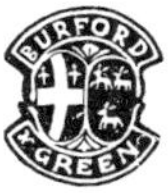 BURFORD & GREEN
London – GB
18. Jh.

1876 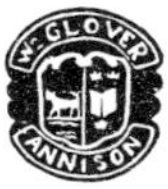 William Glover ANNISON
London – GB
Mitte d. 18. Jh.

1877 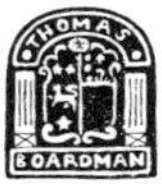 Thomas BOARDMAN
London – GB
† 1773

Vereinigte Stadt- und Meisterzeichen

1878 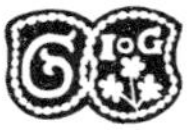 Johannes GMÜNDER
St. Gallen – CH
*1630 † 1678

1879 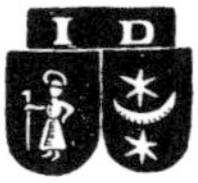 Isaak DINNER
Glarus – CH
*1683 † 1734

1880 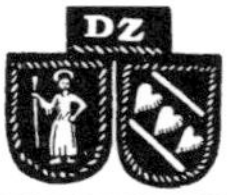 David ZWEIFEL
Glarus – CH
*1767 † 1818

1881 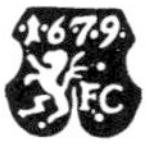 Franz CLOSTERMAYR
Ingolstadt – D
M 1679

1882 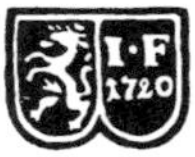 Johannes FÖSSL
Graz – A
M 1720

1883 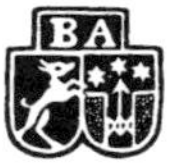 Bartholomeus AMMAN
Ermatingen – CH
M 1778

1884 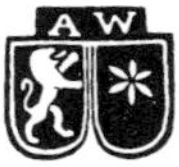 Andreas WÜGER IV.
Steckborn – CH
M 1777

1885 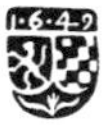 BRAUNAU – A

1886	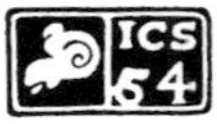	Johann Conrad SCHALCH III. Schaffhausen – CH *1764 † 1826
1887	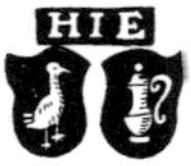	Meister H I E Sargans – CH Ende d. 18. Jh.
1888	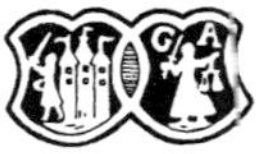	Gottfried ALDE Kamienna Góra (Landeshut) – PL † 1781
1889	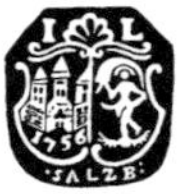	Joseph Anton LECHNER Salzburg – A M 1756 † 1771
1890	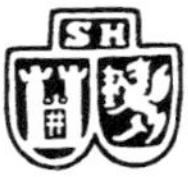	Sigmund HITZINGER Neuburg – D † 1734
1891	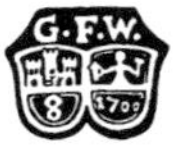	Georg Ferdinand WEILHAMMER Salzburg – A B 1720 † 1749
1892	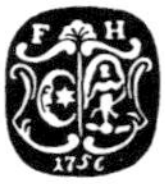	Franz HÖFLER Mattighofen – A M 1756
1893	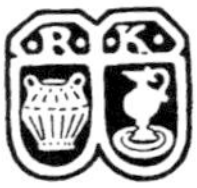	Rochus KESTELBERGER Gmunden – A M 1696 1709 – nach Linz abgewandert
1894	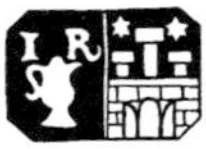	Joseph REDÁCZY Sopron (Ödenburg) – H 1782 – 1803
1895	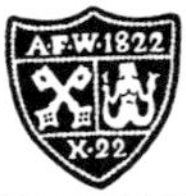	Adam Friedrich WIEDAMANN Regensburg – D M 1821 † 1860
1896	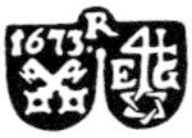	Emerich GÜNTZER Regensburg – D M 1673 † nach 1692

1897 Johann Baptist BRIDLER
Bischofszell – CH
*1751 † 1805

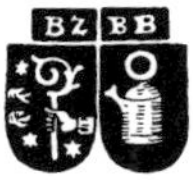

1898 Joachim Leonz KEISER
Zug – CH
*1728 † 1809

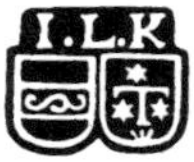

1899 Jacob RIETER
Winterthur – CH
1750 – 1796

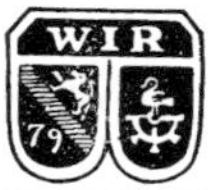

1900 Hans PETER
Elgg – CH
Wende 18./19. Jh.

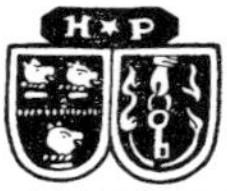

1901 Salomon WIRZ
Zürich – CH
M 1766 † 1815

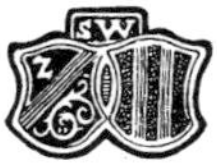

1902 G. CANIS d. J.
Appenzell – CH
1. Hälfte d. 19. Jh.

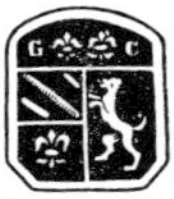

1903 Joseph LEDERER
Györ (Raab) – H
B 1773 – vor 1802

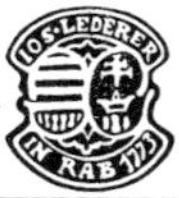

1904 Unbekannter Meister
Györ (Raab) – H
18./19. Jh.

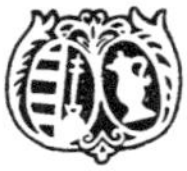

1905 Johann Gottlob ZIMMERMANN
Debrecen (Debreczin) – H
nach 1822

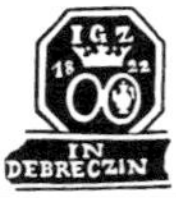

1906 Christian Philipp LEUTWEIN
Schwäbisch Hall – D
3. Viertel d. 18. Jh. – † nach 1781

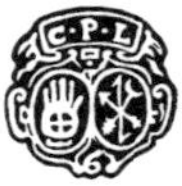

1907 Ignatz GANSEL
Plzeň (Pilsen) – CZ
1790 – 1813

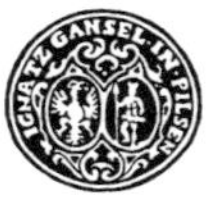

1908	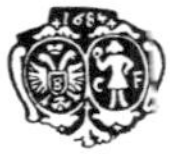	Christoph EHERMANN Brno (Brünn) – CZ B 1675
1909	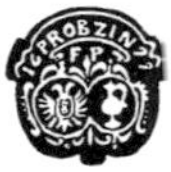	Franz PFUNDT Brno (Brünn) – CZ B 1699
1910	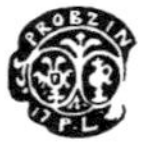	Paul LANG Brno (Brünn) – CZ B 1739 † 1778
1911	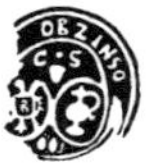	Christoph SCHRAMEL Brno (Brünn) – CZ M 1750
1912	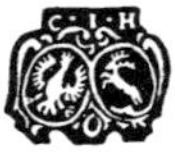	Carl Josef HUCK Olomouc (Olmütz) – CZ M 1743
1913	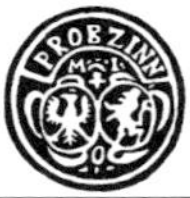	Marek Ant. JEDLIČKA Olomouc (Olmütz) – CZ 1751 – 1771
1914	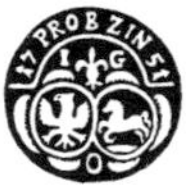	Joseph GRUBER Olomouc (Olmütz) – CZ M 1751 – 1765
1915	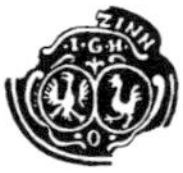	Johann Georg HAAN Olomouc (Olmütz) – CZ M 1768
1916	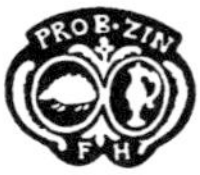	Franz HANTSCH Jihlava (Iglau) – CZ B 1737
1917	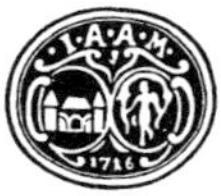	Johann Adam AICHMAYR Linz – A M 1716 † 1746
1918	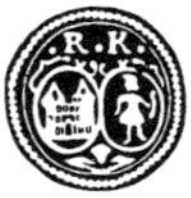	Rochus KESTELBERGER Linz – A B 1709 † 1714

1919 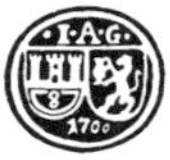 Joseph Anton GREISSING
Salzburg – A
B 1698 † 1740

1920 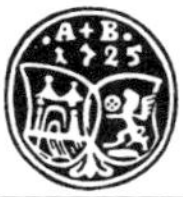 Andreas PÖCK
Linz – A
M 1725 † 1749

1921 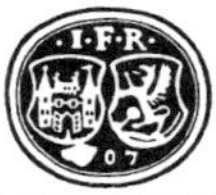 Johann Franz RÖDERER
Linz – A
M 1707 † um 1750

1922 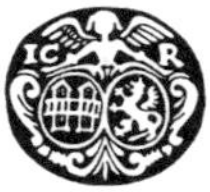 Johann Caspar RÖTTER
Innsbruck – A
M 1742 – 1809

1923 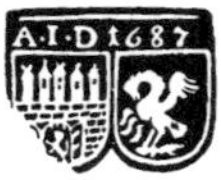 Andreas Johann DIEBEL
Praha / Malá Strana
(Prag – Kleinseite) – CZ
M 1687 † 1747

1924 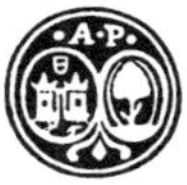 Anton PAMBERGER
Linz – A
M 1656 – 1692

1925 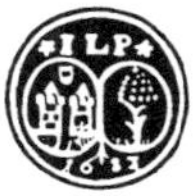 Johann Ludwig PAMBERGER
Linz – A
M 1683 † 1708

1926 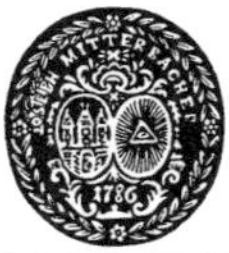 Josef Samuel MITTERBACHER d. J.
Praha / Staré Město
(Prag – Altstadt) – CZ
M 1786 † 1805

1927 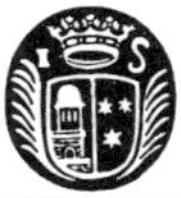 Johann Jacob STRETTI
Celje (Cilli) – SLO
M 1793

1928 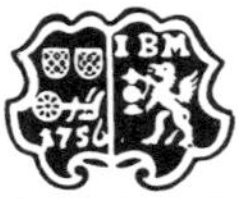 Joseph Bernhard MEINING
Straubing – D
M 1756 † vor 1774

1929 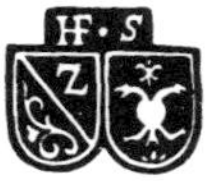 Hans Felix SOMMERAUER
Zürich – CH
† 1714

1930 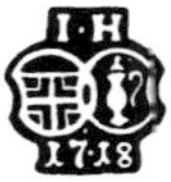 Johannes HARDER
Konstanz – D
M 1718 – 1762

1931 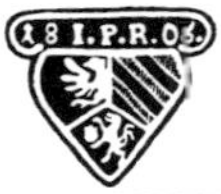 Johann Peter RITTNER
Altdorf – D
M 1806

1932 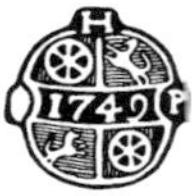 Hermann Joseph BOSCH (?)
Mainz – D
Mitte d. 18. Jh.

1933 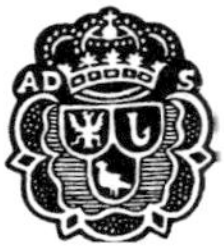 Anton David STROBACH
Braniewo (Braunsberg) – PL
B 1776 † 1793/94

1934 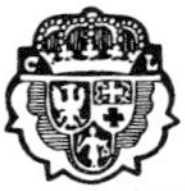 Christoph LIPMANN
Elbląg (Elbing) – PL
M 1771 † 1788

1935 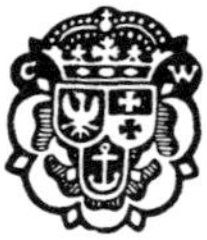 Christoph WOLFF
Elbląg (Elbing) – PL
M 1712 † 1736

1936 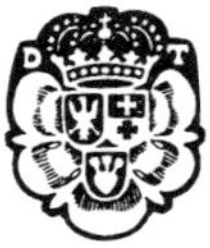 Daniel TOCK
Elbląg (Elbing) – PL
M 1721 † 1750

1937 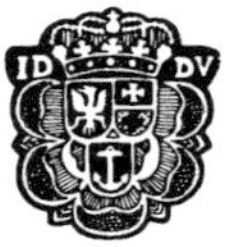 Johann Daniel DEVEER
Elbląg (Elbing) – PL
M 1762 † 1798

1938 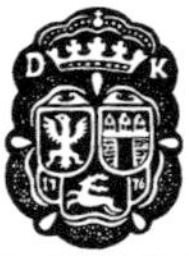 David KROLL
Malbork (Marienburg) – PL
M 1776

1939 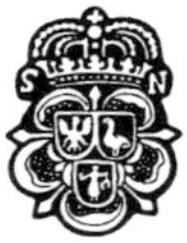 Simon NEUBAUER
Braniewo (Braunsberg) – PL
B 1743

1940	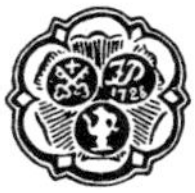	Eva PETERSEN (Witwe eines Zinngießers) Riga – LV † 1766
1941	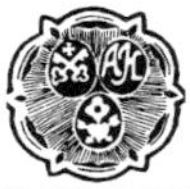	Abraham HAYEN II. Riga – LV M 1780 † 1798
1942	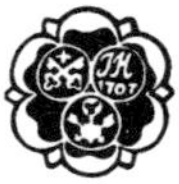	Johan HAYEN I. Riga – LV B 1707 † 1752
1943	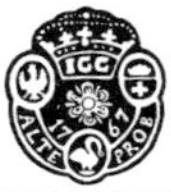	Johann Gottlieb GREIFF Kaliningrad (Königsberg) – RUS M 1767
1944	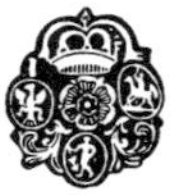	Johann Wilhelm FELDTMANN Jelgava (Mitau) – LV M 1795–1826
1945	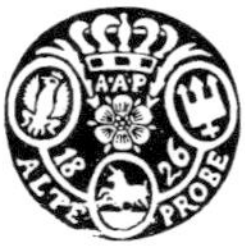	August Anton PREUSCHOFF Braniewo (Braunsberg) – PL M 1826 † 1852
1946	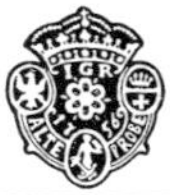	Johann Gottfried RANCK Kaliningrad (Königsberg) – RUS M 1756
1947	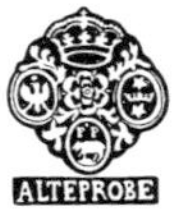	Peter PELET d. J. Kaliningrad (Königsberg) – RUS B 1792

Orientalische Zeichen

1948	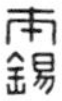 本錫	Qualitätsmarke für Zinnerzeugnisse mit einer Legierung von 95% (Sn) J; seit 1890
1949	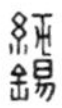 純錫	Qualitätsmarke für Zinnerzeugnisse mit einer Legierung von 99% (Sn) J; seit 1890

1950	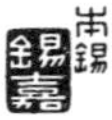 Suzu-ka J vom Ende der 40er Jahre im 20. Jh.
1951	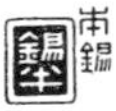 Suzu-han J um 1910
1952	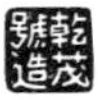 Qualitätsmarke für Zinnerzeugnisse mit einer Legierung von 80% (Sn) J seit 1890
1953	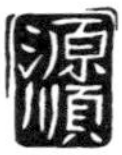 Hsing-shun Ch'ao-yang, Swatow – RC 19. Jh.
1954	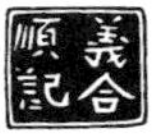 Yen-hsing-shun Ch'ao-yang, Swatow – RC 19. Jh.
1955	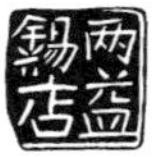 Liang-i RC 19. Jh.
1956	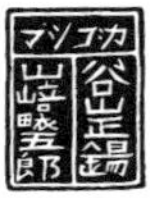 Yamasaki Taniyama, Kagoshima Prefektur – J 19. Jh.
1957	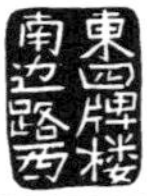 Yen-hsing-shun Ch'ao-yang, Swatow – RC 19. Jh.
1958	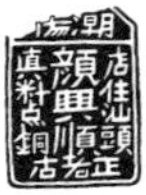 I-ho-shun RC 19. Jh.
1959	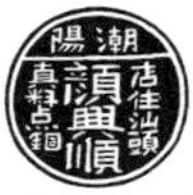 Yüan-shun RC 19. Jh.
1960	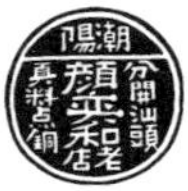 Yen-pien-ho Shan-t, Swatow – RC 19. Jh.

NAMENSVERZEICHNIS

ORTSVERZEICHNIS

Die kursiv geschriebenen Zahlen bezeichnen die Städtemarken.

Weitere Kataloge zur Herkunftsbestimmung aus unserer Reihe:

Jan Divis:
Goldstempel aus aller Welt
ISBN 978-3-86646-066-9 € 12,90

Jan Divis:
Silberstempel aus aller Welt
ISBN 978-3-86646-065-2 € 12,90

Malermonogramme von 1700 bis 1870
ISBN 978-3-86646-064-5 € 12,90

Emanuel Poche:
Porzellanmarken aus aller Welt
ISBN 978-3-86646-080-5 € 12,90

Jana Kybalová:
Keramikmarken aus aller Welt
ISBN 978-3-86646-086-7 € 12,90

Jindřich Marco:
Münzzeichen aus aller Welt
ISBN 978-3-86646-087-4 € 12,90

Emanuel Poche:
Porzellanmarken aus aller Welt
ISBN 978-3-86646-080-5 € 12,90

Fordern Sie kostenlos unser aktuelles Verlagsprogramm an!